財務自由，我行你也行！

【增修版】

GO$WIN
投資模式

資深營業員的另類存股術

CFP®國際認證高級理財規劃顧問

施國文 著

理財前，你先理心了嗎？

呂慧芬
醒吾科技大學財務金融系副教授兼系主任

對於一個接受傳統保險教育訓練、重視風險管理意識、看盡周遭親友在股市中載浮載沉的我而言，為免被股市行情牽動心情，影響生活作息與品質，對投資股票一直採取避而遠之的態度。這樣的我，之所以與國文老師結識，源自於希望傳達正確的投資觀念給學生。

由於長久以來任教於財務金融系，看到部分學生對投資股票充滿高度熱情與憧憬，言行中不時透露出期望一夕致富的神情，心中不免暗自為其憂心，擔心他們在盲目追求投資報酬的價值觀中迷失自己，最終引爆財務危機，更遑論財務自由了！因此，在保險本舖創辦人徐采繁好友的引薦下，特別邀請國文老師蒞校演講，分享其豐富投資經驗與「GOWIN 投資模式」，期能導正學生的投資理財觀念。

　　課堂中，國文老師娓娓道來兩次投資失利過程與挫敗中記取之教訓，以及將母親辛苦積蓄在股市蒸發殆盡的愧疚之情等事蹟，讓學生重新認真思考投資理財之風險，並體認到「切忌貪心」的重要性。同時，國文老師更不吝與學生分享其多年鑽研之投資心法「GOWIN 投資模式」的具體操作方式，期能協助年輕學子健康的累積財富，早日達到財富自由的目標。

　　課程結束後，國文老師仍持續與學生互動、交流，不斷提醒其應建立正確的投資觀念，並給予適當之建議與鼓勵。

　　身為教師，看到學生的投資思維由「貪心」到「穩健」的改變，著實欣慰！感謝國文老師對學生的付出與努力！

　　今欣聞國文老師將其投資股市歷程，以及鑽研多年的「GOWIN 投資模式」彙整成冊出版，個人有幸提前拜讀，對於其強調「理財前，請先理心」深表認同，是本值得推薦的理財書籍！

給年輕人，
簡單容易執行的財富自由提案

徐采蘩
保險本舖創辦人

　　和國文老師結緣是因為我們都是 CFP（國際認證高級理財規劃顧問，以下簡稱 CFP），考上 CFP 後，每年都有在職進修時數的要求，我們常常是比鄰而坐的學員，一起學習、一起互相分享和交流，成為 CFP 持證人後能多為客戶做些什麼？

　　直到《Smart 智富》月刊推出〈理財健診〉單元，共同參與多個個案健診，我們才真正有機會合作。

　　我常在想：現代人的生活環境複雜很多，年輕朋友要忙工作、忙家庭、忙……，但是相關理財規劃專家顧問們所提供的建議，都好複雜又專業，難道沒有一種簡單容易執行的方式？我一直認為，簡單容易執行才能養成習慣，養成習慣才能改變結果。

　　沒想到，我的這些想法，國文都聽進去了。他認真思考，自己近二十六年營業員生涯，是否可以歸納為一套簡單容易執行的

方法？因此有了「GOWIN 投資模式」的誕生。

國文是我的好友，也是我的老師，他常聽媒體報導，「現在的年輕人買不起房」，他很有感觸，也希望年輕人能透過這套「GOWIN 投資模式」，不一定非得買大安區豪宅，至少可以擁有安身立命的窩。他想協助年輕人買得起房，這是我很佩服他的地方。

有幸幾年前開始上國文老師的講座，他說：「學會等待」，是證券投資學中成為贏家的重要一堂課！從他身上學到最深刻的價值是，面對股票投資時，事前的資產配置和策略，投資期間的心理素質。

他也強調「總額概念」，檢視「手中現金加上股票總市值的變化」，而非只注重任何單一股票的漲跌賺賠情形。很多觀念淺顯易懂，但是「知易行難」，有時更是簡單到你會忽略。他常常耳提面命，像一位好教練，時時提醒著我。

我從事保險近三十年時光，也在台灣成立第一家「來店型保險店舖」，希望透過專業的保險顧問，把複雜的專業以簡單的方式呈現，將商品的選擇權還給消費者，由專業保險顧問提供專業知識的協助，讓消費者在沒有壓力的情況下，「了解保險，安心

選擇」。

　　就像國文老師將複雜的金融工具，歸納為簡單容易執行的方法，就是希望客戶能在我們的協助下，面對自己的未來沒有恐懼、財富自由。也期待國文老師透過這本書的整理和呈現，給年輕人一些鼓勵和方向！

推薦序 3

一位力倡簡單投資即可財務自由的
理財規劃顧問

劉兆安

台灣理財規劃產業發展促進會第六屆理事長、
「好險有錢」網站主編、國際認證高級理財規劃顧問

能搶先拜讀施國文 CFP 的新書，以近三年從學員到實務上運用的心得推薦這本書，深感榮幸！

結識國文源自於「台灣理財規劃產業發展促進會」，會員多屬擁有國際認證高級理財規劃顧問的持證人，理財促進會成立的宗旨即致力於推動以消費者利益為優先，讓大眾擁有正確的理財方式為宗旨，我倆都屬會員。後因個人「好險有錢」網站推動大眾理財教育，邀請國文擔任股票投資講師，「GOWIN 投資模式」是一套將台股投資轉化成簡單到單一，且人人可學的課程，以「上過一次，就不必再來」為教學的目標，與坊間課程大異其趣！

威廉・伯恩斯坦（William Bernstein）在其大著《投資金律》中談到，動盪時代要成功捍衛個人財富不可不知的投資四個架構「理論」、「歷史」、「心理學」、「投資產業」，本書中諸多

的說明與實務經驗，恰好與大師不謀而合。

例如：在投資的心理與行為上，贏家與輸家的關鍵差異，就在於如何利用投資市場「多空漲跌循環」之特性，用一套比較有系統性的投資模式來依循操作，讓資金長期投資，善用時間複利效果，如願達到資產增值效果或接近財務自由目標。對照台股的歷史，與現今財經雜誌媒體扮演的角色，書中對投資者也有許多善意的提醒，投資路上，值得牢記在心。

這本書的內容講台股，對身處台灣的投資人來說，更親近且更容易理解學習。它不僅是一部談台股操作的書，一本投資的書，更是值得一讀的理財書！

「金錢是最壞的主人，最好的奴隸。」國文在證券業近二十六年，是投資人也是營業員，這樣的雙重身分，讓他更能體會投資人的心理，也實際見證各類型客戶在股海中浮沉的教訓，值得細究外，國際認證高級理財規劃顧問的身分，讓這本書有別於市場的書籍與課程，在追求股票投資報酬外，更強調投資人在投資前的理心，如此才能享有財務自主後帶來的富足人生！

推薦序 4

我從股市新手到學會釣自己的魚

李俊毅

「古意 Gowin －談股論今」FB 粉絲專頁共同創辦人

我透過校內社團（臺大證券研究社）演講活動，從完全不懂股市就聽施老師的分享，隨後，在網路上、實體課程、參與投資比賽的選手交流，如今已經畢業的我學習過的投資方式不下二十種，能讓我在操作後穩定獲利的，還是本書的「GOWIN 投資模式」。我認為，本書介紹的投資模式值得推薦有兩大理由，分別為：投資模式有效、由淺入深適合所有人。

理由一：GOWIN 投資模式有效

獲利穩定：「慢慢來，比較快到。」這是施老師常常提醒投資人的一句話。日日在市場殺進殺出，不但增加交易成本，也增加犯錯的次數。以穩健累積財富為出發，以風險考量為優先，嚴守持股比不過度的曝險，以防股市黑天鵝隨時來襲，更要把時間

拉長，讓時間把獲利釀出來。

策略全面：判斷盤勢、選股、布局，是投資人在發現標的後，到買進賣出必經的三大階段，即使是聽明牌的投資人，也會快速瀏覽近期的盤勢與個股走勢，再投入資金。而「GOWIN 投資模式」在這三個步驟上，所參考的指標與資料較為全面，技術、籌碼面、基本、國際、股性等等皆納入分析，相較於市場中許多一條均線、一項指標就決定進出的方法，更全面更安全。

適合台股：各國的股市有其自己特別之處，如果完全想將複製美股亦或是其它世界大師的操作法直接套用在台股上，免不了會出現許多扞格不入的地方。而施老師的投資方法，以他自己在台股交易三十年的經驗與實戰為基底，整理出一套符合台股特性的投資模式，也是這個策略有效的重要原因之一。

理由二：適合所有投資人

當初，不懂任何股市知識的我，聽了施老師的演講後，建立了正確的投資概念，讓當初身為新手的我能在後來的幾年內，更快更全面地學習股市中應學習的功課，並且操作上穩定獲利。

在平日，我會與施老師一同討論近期投資人所提出的問題，

而提問的人，除了新手，也不乏已在市場中多年的投資人，大多數請益的問題也是施老師的投資模式中曾經提及。

施老師總以個人多年的實戰經驗與數據為證，修正提問者的觀念並告誡往後應當如何操作。所以，我更加確認「GOWIN 投資模式」不只對於初入股市的新手相當大的效益，對多年經驗的老手亦有可以參考之處。

施老師相信，推廣這個投資模式，能將股市中 100 人有 90 人賠錢的這個人數減少；我相信，與其給予一檔一檔的明牌，倒不如跟大家推薦一把好的釣竿，讓大家依照自身屬性，釣起適合自己的魚；我們相信，在學習本書的投資模式後實戰操作，逐步累積投資經驗並次次反省微調，讀者們能向財富自由的生活，更進一步。

股市人生，Let's Go, Win ！

三年前初版，我們定位它，非如煙火般短暫炫麗，而是能夠雋永傳市，希望它成為股票書海中的「傳奇」，而不只是一時的「傳說」。

三年過去，「面對不同階段的盤勢變化時，再度翻閱書中某些相關章節，都會有和之前閱讀時不同的心得和體悟，每看一遍，投資功力便再提升一些」，這是許多讀者和粉絲的真實反饋。

在庫存不多即將售罄之際，一位好友鼎力相助，將「GOWIN 投資模式」引薦給「商周出版」。感謝商周出版適時伸出援手，改版重新上市！

感恩我股市人生中一路上的「貴人」們，有您們真好！

如果有一天，有讀者跟我說這本書是他們在投資道路上的啟蒙，或是「貴人」，這是多麼美好、多麼令人振奮！

「GOWIN 投資模式」，Let's Go, Win ！

漫長的投資路上，您並不孤單，它，一直陪伴您，一起往「財務‧財富‧雙自由」的目標邁進！

我們一起前行。

施國文 111.10.10

啟動股市人生 2.0

　　民國105年5月12日，是我人生下半場的重要轉捩點。那天，我正式從第一線的股市營業員位置退休。

　　從79年7月進入股市，看著股市起、指數落，數字上上下下，有人暴富，也有人慘賠，黯然離開市場。我想，每個人在股票市場的經歷，都足以寫成一部屬於自己的投資故事。

　　而我的，相較於坊間或媒體上一些所謂「投資達人」、「股市素人」的致富故事，沒有神奇的操盤技巧、殺進殺出的刺激情節，或許少了些驚心動魄、穩賺不賠的過程，但幾經起落，點點滴滴都是自己的親身經歷。

　　這幾年來，我陸續在部落格上，一邊記下過去印象深刻的投資歷程，也與一般投資人分享、討論。我是投資人，也是營業員，這樣的雙重身分，讓我更能體會投資人的心理，也見證各種客戶

在股海中浮沉的經歷。如今，我將過去所累積的投資能量，以及這幾年自創「GOWIN 投資模式」所得到的驗證，穩健地、平實地記錄下來。

還記得，當初我離職前所寫下「給客戶的一封信」：

親愛的客戶和好朋友您們好，

時間過得真是快，進入證券市場已超過二十五年，最近看了好些勵志書籍，尤其是《品格》這本書，給了我這個難以接受為銷售而銷售金融商品的「金融業異類」選擇放下，經過幾番反覆思考，決定送給財務自由的自己一份五十歲「大禮」，5 月 12 日從營業員職涯退休！

感謝您們這麼多年來的一路支持！

目前計劃是先休息一陣子，把身體調養至更佳狀況，再啟動個人的股市人生 2.0，投資顧問、講師、理財規劃、寫書分享……選項很多，往好處想，或許可以幫助更多更多有投資理財需要的朋友。

「退休」之後，將有同仁繼續為大家提供更佳服務，再次感謝大家一路以來的相挺，也祝福大家平安健康，投資順心。

國文 105.04.23

如今回想，言猶在耳，我至今仍然持續關心股市，而在部落格的分享，也陸續獲得許多網友與朋友們的支持與回饋，紛紛鼓勵我將文章集結成書，也促成了這本書的誕生。

施國文 108.04

Chapter

1

地攤小弟的財務自由之路

Contents

Chapter

3

GOWIN 投資模式
實戰篇

---— Contents ——

· 本書中以討論台股為主，因此均統一以民國紀年，而非西元。

· 內文所參考、討論之投資案例，因涉及當時年代背景，均為當時所做之投資操作與建議，因此僅加註時間而不更新。

· 本書所提供之個股與案例，係個人交易經驗之分享，各投資人應視個人之投資屬性予以調整。

1

地攤小弟的
財務自由之路

01
從月領16K
變身CFP

G五年級的我，出生在台北士林的單親家庭。母親小學畢業後就開始工作，幫忙家中分擔家計，所以，我幾乎是由阿公、阿嬤一手帶大。

從小看著母親辛苦工作的背影，我國中畢業後，並沒有上高中，而是選擇重考就讀國立臺北商專（現為國立臺北商業大學）企管科，除了因為公立學校學費較便宜，我也開始利用寒暑假期間打工，賺取學費，希望能減輕家中經濟負擔。

相較於現在年輕人打工機會多且多樣化，當年打工環境相對單純，選擇性也有限。因為住在士林的地利之便，我曾在住家附近的玩具工廠、汽車點菸器等小型工廠打工，當過線上作業員進行組裝等工作；也在士林紙廠做過回收廢紙分類工作；到士林夜市擺地攤，還被警察伯伯逮到，所幸放過我一馬……。

那段年少歲月，至今我仍獲益良多。不僅體會賺錢的辛苦，也體驗在職場中的生活與人際互動，如何與主管、同事應對進退；或如何在眾多地攤中獨樹一幟，除了產品特色，更要懂得察言觀色，根據客人應用不同的銷售策略……。如今回想也是有趣，算是提早認識社會現實與理解人性，對於日後在工作上有很大的幫助。

股市萬點的年代

儘管我到處打工，順利地從學校畢業、當兵。其實，我對於未來還是沒有太多的想像，不像許多人已經立定志向。當時的同學們，有人想要從事在校所學的相關行業，雖然我學的是商科，但確實直到退伍，我還是懵懵懂懂，不清楚自己想做哪一行，只想著一定要先找份工作養活自己，分擔家計。

先談談我面臨就業選擇的那個時代背景，約民國78年左右，股市上萬點，台灣錢淹腳目。每家證券公司門庭若市，不少菜籃族也紛紛投入，玩股票就像是全民運動一樣風行。這股金融熱潮席捲全台，因此，當時很多商科同學畢業、退伍後，就考進銀行、證券公司、證券集保公司……等等金融相關單位，當起金融新貴。

至於我呢，雖然同樣學商，但是一開始，並未往財金領域發展。我現在還清楚記得，三十三年前（民國78年）的第一份薪水是16K，那是一家本土自有品牌的服飾公司，我擔任倉儲助理，負責處理行政文書、理貨、打打雜。

其實，早在我當兵期間，偶有放假到證券公司走動找朋友，就發現營業廳總是人擠人，說是「盛況空前」也不為過。工作後，

同學們相約聚餐聊天，當時股市行情火熱，每天成交量都很大，他們的薪水也相對優渥。幾位熟識的同學紛紛建議我轉換跑道，才能盡早達成分擔母親家計的想法。

之所以踏入證券業，一開始是因為市場正熱，容易存到錢，但直到我入行後數年，才領悟到我對股票的數字跳動充滿熱情。而這，可能也與我的成長環境有關。

小時候，每逢過年期間，士林夜市附近常見很多人設攤位賭博，有「骰子」、「推筒仔」、「天九牌」……等各式各樣的賭具和賭法，還有常見鄰居長輩們玩「十胡啊（四色牌）」、「13支」……等，耳濡目染下，對數字具備「特殊的敏感度」吧！

當年只是空有熱情與轉行決心，礙於沒有任何證券相關經驗，也沒有相關證照，台灣股市又處在相對火熱階段，高獎金利誘下，證券相關行業根本少有空缺。所以履歷表總是寄出後，就有去無回，連面試的機會都沒有。

我的股市貴人們

如今回首，不管是投資、人生，自己的努力固然重要，但更

有多位貴人襄助，豐富了我的股市人生。最難的是，如何從一個全然不懂證券的新人，獲得進門的第一個機會，還讓我一邊學習一邊考取證照；進而在證券公司的不同單位中，培養成為一個更全方位，具有專業且完整資歷的營業員；甚至在人生規劃中，也不吝給予分享，讓我如今成為一位國際認證的理財規劃顧問。

第一位「貴人」是一家北港的證券公司台北辦事處主管蘇小姐，她給了猶如白紙的我第一個機會，主要負責管理台北辦事處的股票清算和交割業務。

當年因為股市正熱，加上大量人才投入，因此北部券商競爭格外激烈，而沒有相關工作經驗，如同一張白紙的我能在中南部券商公司獲得機會，讓我格外珍惜，也開始證券見習生的工作與生活。

我自 79 年 7 月順利進入「中南部券商（長發證券）」擔任處理台北辦事處清算、交割等業務。邊做邊學，利用閒暇充實基本的投資觀念，以及證券業的相關法規和作業規定，順利通過普通業務員和高級業務員考試，並取得證照。直到累積了兩年左右的工作經驗，在蘇小姐鼓勵下，我便開始積極尋找更進階的機會。

第二位「貴人」洪協理是位券商財務主管，通過她的面試後，

81 年 6 月我順利轉進「北部券商大展證券」，擔任內勤集保櫃台職務，這一待就是二十年，直到 102 年 3 月離職，我陸續擔任過祕書、自營部、投顧研究員、行政營業員、正式營業員等職務。

在大展證券工作二十年期間，我擔任營業員的時間最久，也與我的第三位「貴人」朱副總有關。

她是一位資深超級營業員，見證台灣證券發展史，除了告訴我從沒經歷過的台股演進過程，更分享個人的看盤技巧。甚至教我為人處事的道理，也非常支持我應該進行適當的資金配置，像是將股市獲利的資金可以買房投資，而非又把賺來的錢都投入股市裡拼搏。

這段證券人生，是我吸收最多養分的階段。除了大量閱讀股市投資相關書籍，鑽研技術分析，趕場聽演講，學習更多不同的成功選股模式，期望自己可以在最短的時間內成為股市高手。

雖然長期專注在股票投資上的專業操作，但為了讓自己能在投資理財領域的發展與思考方式，都能夠更加專業且全方位，我在 97 年 9 月取得「國際認證高級理財規劃顧問」資格（Certified Financial Planner ™）認證。

102 年離開大展證券後，重新出發的我選定兩家大型金控所

屬券商（國泰證券和兆豐證券），最後決定選擇「兆豐證券」重
新出發，而當初面試的詹協理，也成為我證券人生的另一位「貴
人」！

02
人生第一個
100萬

GO
$
WIN

綜觀國內外股票市場上，「股神」屈指可數。我相信，既然不是神，那就做人能做的事。但，這是在我歷經數次股市挫敗後，才得到的教訓。

記得剛進入證券公司時，當時行情好，所以愈做愈順，也得了「大頭症」，認為自己根本就是未來的「股神」，幾乎到了「忘我」的境界。

「做股票賺錢真是太容易了。」我心裡這樣想，還積極遊說母親拿出銀行存款來做股票。一再嘗到賺錢甜頭後，野心愈來愈大、也愈來愈貪，甚至申請信用戶使用融資融券交易，請媽媽財務槓桿操作（以融資買賣膨脹投資倍數），而且是以股性較為活潑的投機股為主。

靠運氣買賣拚孤支

印象較深的一支股票是「泰瑞電器」（代號 1610，已下市）。當初已經買了數十張，眼見著別人買的其他股票都還在正常交易，我買的這支股票卻每天跌停，想賣都賣不出去，而且還連續約莫 10 根、11 根跌停板左右。

　　起初的持股是現股買進，跌下來的過程中，我曾使用融資增加持有張數，降低平均成本，但未實現的虧損金額仍不少。當時月薪只有 17K、18K 左右的我，因此承受著極大的心理壓力，更何況這些錢都是母親每天工作存下的辛苦錢。

　　所幸，泰瑞電器的資本額小（印象中約三億元左右），市場出現有其他公司想要「借殼上市」的題材，在連漲了 11、12 根漲停板後，我不但順利補回未實現虧損的錢，最後還小賺出場。只是，當初的我沒料到這是運氣好，卻渾然不知，甚至以為股票就是這樣大跌之後仍會大漲回來。

　　因循這樣的邏輯，我的投機性格依然未改。之後，又買賣過一支「達永紡織」（已改名「名軒開發」，代號 1442），同樣地，股價在借殼上市的題材下也是暴漲暴跌，持有過程更是步步驚心，經過幾番折磨，還好最後只以小賠出場。

　　如今回想起來，覺得當時真的「有夠勇敢」卻非常無知，幸好運氣不錯，才得以閃避掉大賠的重傷害。

　　只是，仍未學乖的我，依然沉迷此道。每天看著盤面數字的跳動，尋找下一次機會。當時看到媒體報導外資將投資台股相關訊息，我便鎖定兩檔股票：當時的個人電腦品牌大廠「宏碁電腦」

（當時代號 2306）與生產肯尼士品牌網球拍的「光男企業」（代號 9903，已下市）。

宏碁這支股票讓我在兩個星期內的未實現獲利超過 12% 以上，當時毫不猶豫選擇獲利出場。嚐到甜頭還自以為是的我認為，外資資金將會挪移到光男這支股票，於是把手中現金全換成光男的股票。不料，這次的結果是大盤走勢還不錯，很多股票都上揚，但唯獨光男不漲反而小跌，心中愈來愈覺得不大對勁，最後決定認賠出場。

所幸當時整體行情不差，讓我在 -10% 至 -15% 之間有出清機會，要不然之後光男也下市，變成壁紙，自己就真的變成「光男（輸到脫褲光溜溜的男子）」了！

自以為股神的代價

行情看對了；卻「拚孤支」光男，拚錯了！

一賺一賠之間，來回差距至少有 25% 至 30%。我心裡更加急著想要把錢賺回來，但此時此刻的自己，仍熱衷「短線交易」，每天賺賠輸贏常常都是好幾萬元，換算當初月薪只有 18K，實在

不成比例。

　　錯誤一再重複發生，我完全沒有做好資金水位的管控，持股部位幾乎都是滿水位，把手上全部資金都 all in 在一兩支股票上，愈玩愈大，只要手中股票下跌就開始慌張。這一切，媽媽都看在眼裡，還對我說，她手上定存快到期，等到期後再把錢領出來，拿給我操作股票，不要因為買賣股票弄得心情不好。當時的我真是無地自容，沒想到因為自己的誤判，讓媽媽如此擔心。

　　前前後後這兩、三年，媽媽那邊給我操作股票的錢，再加上自己省吃儉用後剩下的錢，市值總額（包括手上現金加上股票市值）大約只剩下當初的三分之一左右。我自以為是股神的結果，只能用一個字形容，「慘」！

　　還沒賺到人生第一個 100 萬，就先賠掉人生第一個 100 萬！

　　這是我股市人生的第一次大挫敗！

　　痛定思痛後，我明白自己當下的投資心理素質非常脆弱，逐漸失去抗壓性，根本無法理性面對盤勢變化，經過幾番思考，決定全數出清手上所有股票，手邊剩下的現金大約還有 50 萬元。當時我不斷告訴自己，必須冷靜下來，只看盤不交易。直到確定自己夠理性後，才重新回到「現股」操作，有多少錢做多少股票，

慢慢累積獲利，想辦法把賠掉的錢賺回來。那時，大約是民國 83 年左右。

我心中強烈地告誡自己，也認清一個事實：想要把錢賺回來，就必須花更多精神和時間鑽研股市，錢不可能從天上掉下來。當時網路不像現在普及方便，想要知道股票相關資訊，幾乎都得靠報紙和雜誌等媒體為主。所以，我每天必讀市面上的各家早、晚報，尤其是以股票為主的報紙絕對不遺漏，再加上財經相關周刊和月刊。我樂於花錢「投資」在自己的專業上，這筆錢不能省，能省的就是其他的食衣住行育樂等花費。

從投機股到價值股

決心重新扎穩投資馬步的我，積極從各媒體報導獲取更多股市資訊新知。不管是上班前、下班後，即使假日也絲毫不放鬆，大量吸收股票投資相關書籍，也會積極和市場資深客戶、老手前輩們研討股市盤勢變化的看法及因應操作方式，多聽一些免費的名師演講，不斷提升自己的看盤功力與操作技巧。

在聽多看多後，我提醒自己，**不再以投機的股票為操作標的，**

心態上也漸轉趨以中長線，或是波段操作股價較為穩定的價值股為主。

這個時期的我，大都以 30 元以下的集團股為投資標的，耐心操作小有斬獲，雖然獲利沒有以前快速，但相對安心許多，也在比較沒有壓力的情況下，一步步慢慢累積獲利。

而在台灣股市發展史上，隨著時間推演與產業循環，都有不同的「股王」輩出。民國 78 年，台股首次登上萬點，相信許多資深股民都仍記憶猶新，當時台股由金融股領軍，全台第一大的壽險公司「國泰人壽」（當時代號 2805，現已改為國泰金控，代號 2882），便曾創下 1975 元的天價！

後來也關注到國泰人壽這檔股票，相較於昔日的天價，當時才 118.5 元，加上以往配股配息都還不錯，我便開始一張一張買進「存股」。省吃儉用後的薪水，有多少錢就買多少零股，慢慢累積股數及張數，當股價跌愈低，買到的股數便愈多。

到了 90 年時，我手上的國泰人壽股票大概存了 60 多張。只是同年 8 月，國泰人壽股價竟然最低跌到 29 元！

股票市值大幅縮水，我算算加上手上的一些現金，市值合計約 200 多萬元。以前短進短出買投機股不對，轉為長期存股竟然

市值還大縮水，顯然我的投資模式仍有些問題待改善與調整。

我又開始思索，到底該怎麼做才是較佳的操作策略，如何才能在股市反敗為勝？

我心中盤算，投資國泰人壽，雖然市值大幅縮水，但畢竟是家績優的公司，至少心裡上踏實許多。**不過，如果只是持續一直買進存股，沒有加上適當的操作方式，資金要變大似乎不易。**所以，必須要有一套適合自己，而且能夠應對市場盤勢變化的操作哲學才行。

到了90年底，國泰人壽的股價一波急拉到接近60元。我決定在操作上採取較為靈活的策略，賣出手上的存股大約70張左右，加上手上的現金部位，市值合計大約來到450萬元。這次的獲利，更強化我日後長期投資心態，選擇較績優的集團股買進。

這次小試身手，我發現雖然過程中會被套牢，但時間拉長來看，最後的獲利機率仍高，如果能有耐心等到較低價時再進場買進，獲利還可以提高許多。

只要手上有錢就一路買進「存股」，這對一般投資人來說，或許是種不錯的存股方式。但對於像我這樣，相較一般人更為專業且每天投入大量時間的人而言，更應該利用本身的專業判斷，

在買進時盡可能降低買進成本，賣出時能賣到比一般人更高的價格才對。

光是國泰人壽這檔股票，我後續又來來回回「上下其手」操作過好幾次，也讓我的資產增值不少。

03
迷信明牌又遇金融海嘯，
挫敗中的教訓

GO
WIN

G「錢→股票→錢→股票→更多的錢」！投資略有心得後，我更加體會把手中的錢換成股票，逢高把股票換成更多的錢，這個投資賺錢道理。

93 年 5 月，當時整體投資氛圍相當不錯，身為營業員和股票市場的距離實在靠得太近，消息又特別多，加上我在操作上得心應手，手中資金膨脹不少，又再次重蹈覆轍，迷失在搶差價的高出低進行列。

聽信明牌、名嘴和消息

迷信「明牌」是不少投資人曾經有的經歷，尤其看著不少「投資老師」、「股市名嘴」在媒體上講得口沫橫飛，更何況我是站在第一線的營業員，有許多「消息」來源。

那時是 93 年底，一位好朋友報了一支「明牌」迅杰（代號6243）給我，這支股票的股本小，股價只有 12 元左右，當時並沒什麼成交量。

因為多年前曾在泰瑞、達永摔了一跤，我這次反而不敢貿然投入，只敢從旁觀察其價量變化。直到隔年（94 年）3 月時，迅

杰成交量出現放大跡象，加上技術指標 KD、MACD……等出現轉強訊號，本想出手小買一些，但畢竟不是自己熟悉的標的，於是作罷。

結果，迅杰這支股票朋友們在 70 元左右才出場。看著他們大有斬獲，讓我見識到「明牌」的魅力，似乎遠勝過自己長期投資的報酬率，非常懊悔竟然沒出手買進，也再度陷入投資存股和投機賺快錢的迷惘中。

再次陷入投機心理

95 年 6 月，我決定轉進明基（代號 2352，已改名佳世達）這支股票。因為明基甫併購西門子手機部門，並取得西門子授權 BENQ Siemens 品牌使用權 5 年，以及西門子品牌（Siemens）18 個月，於是我就從 21 元附近一路買進，但股價走勢並不如原先預期，我仍繼續「往下買進攤平」，愈買愈多、愈攤愈平，又變成「拚孤支」的投機，完全沒有停損機制！

我當時相信明基這家公司不會亂搞，雖受到負面消息影響而下跌，也不至於會有倒閉（變成壁紙）風險，竟然一路買到 96 年

9 月參與公司減資，期間股價最低來到 12 塊多。把之前大部分的獲利，再次套牢在明基這支股票的未實現虧損上。

96 年 10 月 15 日減資後重新掛牌，連漲數根漲停板，我分別出在 36.7、37.5、40.1 元，最高來到 46.4 元，再次大豐收，賺到三、四年左右的薪水。但現在回想起來，似乎是運氣好佔了大半成分。這種獲利，其實很不真實，就像是行走在鋼索上而不自知。

同期，我也買了其他績優集團股，像是東元（代號 1504）、中鋼（代號 2002）、台泥（代號 1101），加上 96 年 7 月大盤一波上漲到 9807 點，獲利也不差。由於股票操作得心應手，再加上當時業務員的業績蒸蒸日上，公司領的薪資獎金也倍增許多。在民國 97 年的全球金融海嘯爆發之前，我所累積市值總額已經稱得上達到財務自由目標。

這段期間，有一對我認識很久且長期投資於股市的長輩夫婦，分別自銀行與國小老師職位退休的他們，長期投資玉山銀行（現在的玉山金控，代號 2884），每年配股配息算一算超過銀行利息的好幾倍。他們的投資經驗，也開啟我研究所謂的「GOWIN 投資模式」，希望能從長期投資玉山金的過程中，開發出更為穩健的投資績效。

四天賠掉四年薪水

只是，人算不如天算，民國 97 年（2008 年）遇上了百年難得一見的全球金融海嘯！

當時指數已是 9000 多點，因為我手上資金較為寬裕，卻完全沒有適當管控，幾乎七成的高持股水位。剛發生時，手中的金融股，包括玉山金、第一金（代號 2892）、兆豐金（代號 2886）、合庫（代號 5880）、國泰金（代號 2882）……等表現還好，也沒太多戒心，甚至天真地以為不會燒到自己的金融股。直到遇到「黑社會」雷曼兄弟 1（Lehman Brothers）出狀況，才感覺到可能大事不妙！

雖然我花了一整晚的時間研擬好對策，準備隔天先出掉手中一半持股，但一念之間的「捨不得」賣出，錯失「第一黃金停損點」（編按：非預期的黑天鵝出現時，或是與原先判斷不同時的必要停損）。就這樣，在 97 年 9 月 15 日至 18 日的四個交易日，我的股票市值蒸發約四年多的薪水收入，人生馬上由彩色變成黑白。

盤勢持續下跌，雖然手上剩餘的一些現金仍有逢低承接，但接到有點手軟，短短幾個月時間，就蒸發掉相當於當時一間士林

中古老公寓房價。

　　但相較於用融資買股，被追繳到拿房子抵押貸款來做為追繳，或嚴重到必須賣房子的人來說，我還算是小幸運，畢竟是以自有資金用現股買進投資，至少可用「時間來換取未來空間（價格回升）」。

　　在市場投資人面臨排山倒海般的融資追繳及斷頭後，所幸，海嘯來得急，反彈回升速度也非常快！98 年時，我手上的股票市值也跟著回升，再加上手中的現金，市值總額已回升不少！

　　金融海嘯這波跌勢之慘烈，讓許多投資人受傷慘重，也讓我在多年的股市歷程中，再次見證自己人性的恐懼面，並且進行一次所謂的財富重分配。

　　然而，人性的貪婪並未停止。大盤從 3955 點漲到 7800 點上漲近一倍，就先預設高點應該差不多了，我決定賣出手中股票，留下股本較小、長期報酬穩健及形象都還不錯的玉山金，而把股本較大的兆豐金、國泰金、第一金、合庫……等金融股都出清。

1.97 年 9 月 15 日，美國第四大投資銀行雷曼兄弟破產，破產的直接原因是次貸危機導致其所持有的金融產品成為壞賬，超過 150 年的銀行應聲倒地，影響所及遍及全球。

一再重演貪婪人性

　　大盤繼續往上，並不如我的預期回檔。這時候，我發現一支配息不錯的集團股，也屬於金融族群，股本不大、價位也不高，於是 99 年 1 月初開始布局這支「新產」（代號 2850，當時約 18.7 元），每天分批買進。

　　一直持續買到 3 月中旬（中間曾高出低補部分持股搶一點差價），當時我只有「玉山金」和「新產」兩支股票，但火力集中在新產，彷彿又回到拚孤支的局面而不自知。

　　手中已買進不少部位的新產，突然看到公司欲出售不動產相關訊息，心中盤算光是出售不動產的部分，EPS 大約就有 3 元，直覺判斷若加上本業獲利應該有機會超過 4 元（EPS），股價應具上漲動能，看好之下大膽加碼愈買愈多。

　　果真如預期，看到出售不動產之公告後，股價直接往上，一波到 4 月的 31.6 元，自己則在 27.5 元開始分批賣出，獲利落袋走人，一直出到 29 塊以上，短短 3 個月左右時間再次豐收，投資報酬率接近 30%，手上的現金加計玉山金股票的市值大約來到相當於 19 年左右的薪水收入。

　　同年 99 年 7 月開始布局一檔國產（代號 2504）從 14.35 元開始買，一直布局到 9 月 20 日，平均買進價位大約 14.8 元，在 99 年 11 月時陸續賣出，平均賣出價格大約是 16.8 元，獲利 10% 以上，大約也賺了兩年左右的薪水（累計市值總額來到約 21 年薪水收入水準），把金融海嘯蒸發掉的資產幾乎全部賺回來，更一舉超越金融海嘯前的資產水平。

　　之後，在自己所研究測試數年的「GOWIN 投資模式」漸漸有了雛形，也改變守成的生涯規劃，萌生轉換跑道想法，幾番考量後，決定往大型金控公司旗下的券商試試自己的實力與能耐，到大公司多見一些世面，期望可以讓「GOWIN 投資模式」更加完整。

04
遭逢股災，
驗證GOWIN投資模式

G 下定決心離開多年的大展證券後，我考量客戶下單習慣方式，最後決定選擇「兆豐證券」重新出發。

102 年 3 月，我順利轉進兆豐金控旗下的「兆豐證券」。有些先前信任我的客戶，也跟著到兆豐證券，起初我先忙於開戶和不同公司文化適應。當時我手中股票只有玉山金與鴻準（代號2354）。

再次相信明牌的代價

明明自己已有一套穩健的「GOWIN 投資選股模式」卻不遵循，再次相信好朋友的明牌「良維」（代號 6290），預估 EPS 會超過 4 元、技術線型佳、會過歷史高點 59.9 元，結果貪念再起。

自 104 年 2 月初，我開始在 34 元多買進，之前已從 24 元上漲一波到 36.5 元，且成交量由數百張擴增至 6 千多張，融資也大幅增加。每天持續買進，只想著如果衝過 59.9 元，在上面無壓下，股價便能扶搖直上，加上股本才 10 多億元，GOOGLE 相關訊息也跟好朋友所說的差不多，EPS 可望有 4 元以上，我當真相信這是一檔黑馬股。

結果走勢不如預期，當時手中雖然已經分批布局了不少良維部位，幸好資金方面有按照「GOWIN 投資模式」執行，控管資金水位，整體持股比重並不高。

直到 104 年 8 月股災，跌勢又急又猛，許多使用融資的投資人被追繳斷頭，也有許多公司陸續實施買回庫藏股，良維也宣布買回庫藏股（104 年 7 月 30 日至 9 月 29 日，19 至 25 元，5000 張），因當時股價在 20 元以下也符合「GOWIN 投資模式」中的「理財性投資標的」（詳見第三章），我雖然逢低再加碼，但也以仁寶（代號 2324）、英業達（代號 2356）、康舒（代號 6282）、緯創（代號 3231）等列為分批承接標的。

畢竟仁寶，英業達、康舒、緯創跌得夠低，又是大集團股，買了比較安心，良維最低時跌到 16.25 元，扣除配息後，成本仍超過 28 元，我的未實現虧損將近兩年左右的薪水收入，而這就是聽信明牌，必須付出的代價！

當時我雖然有加碼良維，但買到心裡仍七上八下的，畢竟股本才 10 多億元的小型公司，股價這種跌法，不免產生會發生下市下櫃的恐懼。

8 月股災結束後開始反彈，良維也從 9 月開始出現反彈，小型

股特性，股價彈升相當快，一波到 12 月時已漲到 34 元，自己陸續分批出脫，算一算加上配息還有賺到相當於三個月左右薪水，算是萬幸。在 10 個月的驚濤駭浪下，以獲利 3.43%收場，更加體悟**買進價位才是賺賠關鍵所在**。

找到自己的GOWIN投資模式

「**好價格，是可以用時間等出來的。**」如果當時先評估，控制衝動在 34 元時只看不買，等下來到 20 元，符合自己「GOWIN投資模式」價位，賺的可能不是 3.43%，而是遠遠超過 34.3%，也告訴自己在投資市場必須管控貪念，用時間等好價格出現，「你天天貪心，主力天天開心」！

> PS. 儘管良維在 107 年 1 月 25 日股價最高點真的來到 84.3 元，不過，我想大多數會聽信明牌的投資人，應該在跌到 16.25 元那波「下跌波」時，早就認賠停損賣出，或是被券商融資追繳壓力所逼而被斷頭了。

　　這一波的 8 月股災跌到 7203 點，我的持股比重也來到 85% 左右，反彈一波到 8871 點，期間逐漸分批減碼提高現金部位，之後回檔至 7662 點（105 年 1 月）預估將會有「過年紅包行情」，加上手上的第一金、兆豐金、鴻海、鴻準、和益、玉山金……等等標的，皆符合「GOWIN 投資模式」的投資組合標的，便陸續把持股比重又拉高到八成左右。

　　這些年一邊操作，我的股票加現金資金水位的市值總額不斷往上增加。在股市打滾多年，104 年底時，我也認知到個人的中心思想、理念與公司不同，開始認真思考自己的下一步。

　　我仔細評估，自己平常一年的日常生活花費，不到一年薪水的一半，目前的兩間房屋也沒有貸款壓力，而手上的股票市值加上現金總額相當於 21 年薪水收入。也就是說，我就算不投資股票，把錢全部放在銀行生息，也足夠日常生活所需費用至少達 40 年以上，屆時自己也超過九十歲，應該可以算是真正達到財務自由。

　　我告訴自己，是時候，該做些改變了！

　　我的投資故事說到這裡，應該告一段落。但是，我還想多花點篇幅，重申一次個人財務規劃的重要性。雖然我個人在股票上的投資比重偏高，但仍然堅信「有土斯有財」，所以，在我的股

市人生中，同時進行的，還有幾段買賣房的故事，這也是我後來勇於離開職場，沒有後顧之憂，能夠達到財務自由的最大關鍵。

財務自由與資產配置

前文中我說過，自己成長在士林的一個單親家庭，在我沉迷股市大玩財務槓桿階段，還沒賺到人生第一個一百萬，就先賠掉了一百萬元。

最令人感慨的是，在賠掉的錢還沒能來得及全部賺回來前，民國 85 年時母親因病驟世。回想我當初想靠股票賺錢的初衷，就是為了讓媽媽有面子，覺得有這個兒子很驕傲、很爭氣……，但最後卻是，「子欲養而親不待」。

安頓好母親的後事，我接著辦理繼承：一間只有房屋產權，卻沒有土地持份的士林老公寓，畢竟有土斯有財，房子會折舊，愈久愈不值錢；另外還有一間淡水電梯華廈，市值約 300 萬元；以及手中股票加上銀行存款，總額約 100 多萬元。

首先，我先處理士林的房子，想辦法買回原來的土地持份。接著處理淡水華廈，考慮到自己工作地點在台北市，搬去住的可

能性不大，加上手上也沒什麼多餘現金投資股票，又考量到房屋折舊、照護等問題，所以，我決定賣掉淡水房子，增加自己手邊現金部位。

當初賣房，我對自己承諾未來會在台北買回房子，而這個諾言在民國 100 年時實現了。當時我的資金水位再提升，不錯的公司薪水和獎金，手上資產市值總額大約來到 23 年薪資水準左右，此時剛好住家附近有人求售一間二樓邊間的三房中古老公寓。

已經取得 CFP 認證的我，相較過去更具風險意識，也更全方位考量個人資產規劃。我心想，若持續把賺到的錢全部投入股市，若再一次遇上「金融海嘯」或「股市黑天鵝事件」，資產恐又大幅縮水，決定著手進行「資產配置」買下這間老公寓，未來有機會「成功都更」，資產應可再增值不少。

根據不同時期，評估自己需求，並且調整資產規劃分散風險，現在的我不僅財務自由，也擁有自己的房子，更加無後顧之憂！

05

台股，
My Endless Love

G自從我踏進證券這行開始，每天都覺得時間不夠用。

在網路還未興起的年代，我的作息就是每天早上六點不到起床，一邊盥洗一邊「聽」電視新聞後，就趕著出門到公司。

接著，開始閱讀各家早報，不管是財經相關的《經濟日報》、《工商時報》，前一晚看不完的各家晚報，《財訊快報》、《財星日報》、《產經日報》、《聯合晚報》、《中時晚報》、《自立晚報》……都不能錯過。緊接著就是開盤的業務工作，幾乎所有時間都是在看盤和研究股票。直到網路普及化，查詢所需的相關股市資訊更加方便且事半功倍。

相信「老師」，還是自己？

對於這樣的忙碌生活，外人看來或許覺得單調乏味，但我從不以為苦。尤其必須大量閱讀，與時俱進跟上國內外局勢之變化，看似沒有立竿見影成效，卻是進行投資判斷最重要的基本功。股市是一國的經濟櫥窗，若是不能時時掌握新知與市場脈動，如何能有自己的見解，並在股市投資做出正確判斷？

許多一路相隨的客戶，即使在我離開第一線後仍持續保持聯

絡。這些老客戶最常跟我提到的，還是有關財經雜誌報導，某股市達人的投資方法，從多少錢變成多少錢；某網路名人每天的盤勢看法多麼準確；某電視台投顧老師的解盤多麼厲害……。

坦白說，對現在的我而言，這些資訊似乎沒有太高參考價值，或許是我自己曾親身經歷，也看過身邊太多客戶走過許許多多的冤枉路，讓我在投資這條路上，很早就體悟「投資必須靠自己，不斷的實戰、修正與調整，才能找出一套最適合自己的投資模式」這個道理。

那些所謂的「股市高手」，號稱靠著一條線、兩條線或是三條線，就能賺大錢？

如果你問我，他們是不是在騙人？我不知道。但是，如果你問我，相不相信他們的方法真的可以賺到那麼多錢？我會很肯定的回答：「我不信！」

在股市「征戰討生活」這麼多年，如今看來，我算是幸運者，也稱得上是一個股市贏家，一路上，自己投入非常多時間鑽研股票，趕場聽演講，也廣泛閱讀許多的投資相關書籍，別人在享受玩樂之際，我還是獨自默默地在研究股票。

我深信，「股市是活的」，至今沒有哪一招保證可以在股市

中打遍天下無敵手！

　　當然也包括我個人多年交易心得彙整而成的「GOWIN 投資模式」，但我認為「GOWIN 投資模式」是屬於較為全面性考量的一整套投資模式，相對可以走得久也走得遠，可以應用在「現在與未來」，遠勝過那些靠一招半式打天下，只適合「過去式」的個股走勢圖，對我來說，那些只是主力做出來的線圖或是極少數人成功的例子。

理財 ≠ 發財

　　有一群同為 CFP 的顧問朋友們，積極推廣「理財先理心」的觀念。太多人認為，理財就等於發財。其實**「理財」首要的基本原則就是要理得「心安」，再求達到所謂的「理財目標」。**

　　在理財前若能先理出對金錢價值觀的正確態度（心態），這將會直接影響到未來能夠提升財富累積到什麼樣的高度，故「理財先理心」，而且「理財」並非「發財」。

　　「投資股票」也是一樣的道理，股票市場每天交易的人數是數以萬計或數十萬計，每個人的想法和交易模式不可能一模一樣，

所以在投資前擁有正確的投資心態更顯重要！

千萬不要以為，要在滿是金山銀山的股市「挖寶」很容易，如果一再抱著短線致富心態，盲從所謂的「明牌」、相信一些投顧老師三寸不爛之舌的「獲利績效」、投資達人的「賺錢絕招」、提供低買高賣點位的「操盤軟體」，或是財經雜誌報導所謂的投資素人，在短短幾年間資金從 6 位數變成 8 位數、9 位數的獨門絕學投資法……等，聽信這些方法操作股票，多年之後必有「很痛的領悟」。

超過三十年的實戰經驗，以及所見所聞，一再提醒我，「**若沒有正確的投資心態，再加上一套適合自己可以依循的正確投資模式，並且堅持到底，真的不容易累積到一定財富**」，有時財進有時財出，財富來來去去載浮載沉，想要達到財務自由這個目標，將變成一項不可能的任務。

所以，我期待能透過分享「GOWIN 投資模式」，幫助更多更多有投資理財需要的人，建立一些較為正確的投資觀念，配合時間創造出複利效果，以達到資產穩健增值，能夠累積一定財富！

有些客戶曾經說我非常固執，為什麼都不相信別人的方法可以賺到那麼多錢，我想，我不是「固執」，而是「頑固」。「**對**

的事，堅持自己所堅持的，義無反顧」是我的信念，因為我深信「滾石不生苔，短線難聚財」。

其實，我更簡單的答案是，如果「GOWIN 投資模式」已用了多年，有一定的戰績和成果，也讓我的資產長期穩健增值，又何必再花那麼多時間去嘗試別人的任何一條線、兩條線或是三條線⋯⋯等各種自己並不熟悉的操作方法呢？我還是主張「**投資力求簡單，簡單的事情重複做，久而久之，你會發現自己愈來愈接近專業。**」的道理！

雖然每個人對財務自由的定義與目標不盡相同，從前也沒有人告訴我一套可以依循的投資模式，但我靠著一己之力一步一腳印，經過很多實戰交易的淬煉，也可以達到財務自由。如今，我若能幫助一些人少走一段冤枉投資路，或許就能更接近達成財務自由的目標。

如果可以的話，我希望能和德國股神科斯托蘭尼（André Kostolany）一樣，無論是在股票市場中交易征戰，或宣揚正確的投資觀念，直到人生最後的一刻鐘，那會是多麼美好的一件事！

就像耳邊傳來一陣陣熟悉的旋律：

（男聲）

My love，there's only you in my life，the only thing that's right.

（女聲）

My first love，you're every breath that I take，you're every step I make.

（合唱）

And I（I-I-I-I-I）I want to share，all my love with you，no one else will do.

　　這首〈Endless Love〉，彷彿唱出我的心聲，台股，My Endless Love.

Note

/ /

60

2

GOWIN投資模式
觀念篇

我在股票市場二十多年那時，曾有一位經營保險事業的好友問我，為什麼大部分投資股票的人好像最後都是賠錢收場居多，問到有沒有一種方法可以打敗定存利息、勝過儲蓄型保單利率，並且是「簡單、穩健、容易執行」的投資模式？

當時，我覺得這是個好問題，也開始思考研究是否有這樣的投資方法。

一開始，我先回想自己的投資模式，從「拚孤支」轉為建立「投資組合」，雖然投資報酬率沒有比押對單一檔股票的時候高，但風險卻相對降低許多，這樣才符合穩健投資之原則。

從穩健著手，接著是該如何建立「有效的」投資組合？所謂的「有效」，意味著在相對較低的風險下，卻可以創造不錯的投資報酬率，進而在每個不同階段又該如何「資金與股票適當配置」，創造更穩健的報酬。

在經過自己多年持續不斷的嘗試、調整與修正後，終於在104年見到成果，我把它命名為「GOWIN 投資模式」！

簡單、穩健、可執行的「GOWIN 投資模式」，是一整套的操作模式，從了解股市特性、認識股票買賣獲利方式，如何避開大賠把錢變大等簡單投資觀念，到如何建立核心和衛星持股投資

組合、適當持股現金比重⋯⋯等等共八大部分，猶如股市穩健投資的天龍八部。

如同闖盪江湖（股票市場）中的武林高手，必須先打好底子，從扎穩馬步練起、修練內功，因此「GOWIN 投資模式」的第一至第五部分為「觀念篇（基本功）」階段；之後，就能開始學習各種不同招式，才能在與不同對手（盤勢變化）過招時，足以應變，打倒對手獲得勝利（投資獲利、資產增值）。若是基本功不夠扎實，以為虛晃個一招半式，就能打遍天下無敵手，恐怕過於天真。

我一再強調，「GOWIN 投資模式」是以整體資產穩健增值為目標，而非著重在單一股票的輸贏賺賠上，是「一整套的投資模式，缺一不可」，如果斷章取義只取自我偏好之部分，可能無法達到「穩健」之效果。務必保持耐性、持之以恆，一步一步練好基本功，之後，持續學成各種招式（即天龍第六、七、八部）。

期望，你我都能成為股市中的「武林高手」，一起征服股海！達到財務自由，心有餘力時，取之社會用之社會，盡己之力幫助他人！

GOWIN 投資模式天龍八部示意圖

觀念篇	實戰篇
▼	▼
天龍第一部： 先懂投資心理學	天龍第六部： 建立 GOWIN 投資組合
▼	▼
天龍第二部： 認識股票買賣獲利原則	天龍第七部： 規劃適當持股現金比
▼	▼
天龍第三部： 切記小賺十次抵不過一次大賠	天龍第八部： 股票投資小眉角
▼	
天龍第四部： 加強正確的投資觀念	
▼	
天龍第五部： 把握輕鬆投資三個重點	

01

天龍第一部：
先懂投資心理學

股市本多空漲跌循環，因為人性不曾改變。

G股市是經濟的櫥窗，通常會提前反映出一國的經濟狀況將是向上或下修，有人評估大約領先 6 至 9 個月左右。

或許有人會擔心，有一天股市將不復存在。我想這未免過於杞人憂天，至少我數十年來的股市觀察，資本市場的籌資與交易功能一直都存在，未曾消失。如果還是質疑股市可能消失的人，我會建議，那就把錢放銀行賺取利息，或許還比較適合。

過去近三十年來，台股曾數次站上萬點，都與當時的政經情勢密不可分（參考第 68 頁圖 1）。跟我年紀相當的讀者，或許還記得「台灣錢淹腳目」的年代，隨著經濟起飛，台灣股價加權指數自民國 76 年 1000 多點開始向上，77 年指數「狂飆」來到 8800 點，接著 78 年底一路衝破萬點，當時的股王國泰人壽（已改為國泰金控）最高價來到 1975 元。

這波上漲，直到 79 年 2 月創下台股歷史高點 12682 點。只是好景不常，隨著一波大幅度的修正，加上國際間的波斯灣戰爭爆發，同年 10 月台股回跌至 2485 點才止跌。當時不論股市老手或新手，許多投資人都在這波下跌一萬點的過程中陣亡，退出市場。

直到 84 年 8 月，電子資訊產業蓬勃發展，帶動一波大漲至 10256 點（86 年 8 月），新股王改由電子股華碩（代號：2357）

領軍。直到88年2月，曾經一度下修到5422點；隔年（89年2月）才又回歸萬點，來到10393點。

當時的台灣正面臨第一次政黨輪替，陳水扁當選總統。不過，千禧年網路泡沫，全球股市受到波及，台股也無法倖免，大幅修正到3411點（90年9月）才打底完成再度往上。接下來的一波上漲是由智慧型手機，俗稱的蘋果概念股帶動，漲到10014點（104年4月），之後拉回又遇上國際股災，才下殺到7203點（104年8月）。

看懂投資心理學

過去經驗告訴我們，不僅要在股市獲利，並且全身而退，才稱得上是真正贏家，然而，一般投資人想要躋身股市贏家的第一步，就要先了解所謂的「投資心理學」。

股市本來就是「多與空，漲和跌」的循環。主力常利用一般人的投資心理，當股價上漲，市場充斥好消息，投資人充滿樂觀期待而失去戒心，迫不及待跳進來買進時，輕鬆獲利出場。而在股價跌了下來，壞消息滿天飛，投資人開始出現悲觀情緒，失去

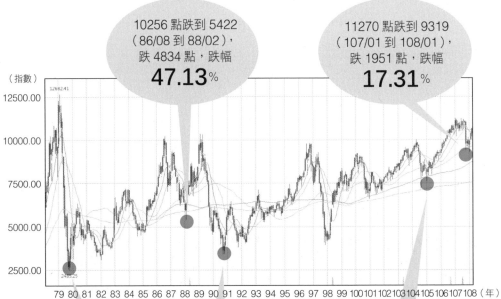

圖1　台股近30年五次跌破萬點情形

10256點跌到5422
（86/08到88/02），
跌4834點，跌幅
47.13%

11270點跌到9319
（107/01到108/01），
跌1951點，跌幅
17.31%

12682點跌到2485
（79/02到79/10），
跌10197點，跌幅
80.4%

10393點跌到3411
（89/02到90/09），
跌6982點，跌幅
67.18%

10014點跌到7203
（104/04到104/08），
跌2811點，跌幅
28.07%

備註：106年5月第五度攻上萬點，持續了一年多時間，直到107年10月才又跌破
萬點，此波最低來到9319點（108年1月），才又反彈上萬點至今。

原有信心賣出手中持股時,再慢慢分批補回……。同樣的情節,一再重複上演。

主力充分掌握人性弱點,進而獲取你的本(本金),如果你和一般人一樣不了解投資心理學,就很容易淪為主力眼中的待宰羔羊。

就像是寓言故事中,賣牛奶女孩所編織的美夢,幻想著將牛奶賣出後可以如何如何,最後卻一個跟蹌打翻了牛奶,不僅沒賺到錢,還美夢幻滅。

一般投資人只要看到股價上漲便充滿希望,樂觀買進後,開始起了貪婪心,幻想手中持股會漲到多少,因而失去戒心。接下來,股價開始下跌,灰心失望的你,充滿悲觀、恐懼,最後沮喪的情緒讓你只好殺出手中持股……,這樣的循環屢見不鮮,這就是一般投資人的人性,最後只會肥了主力。

畢竟努力工作和平時省吃儉用攢下的錢,投入股市是為了增加資產,所以了解投資心理學進而克服「人性」,便是進入股票市場投資最重要的第一堂課。

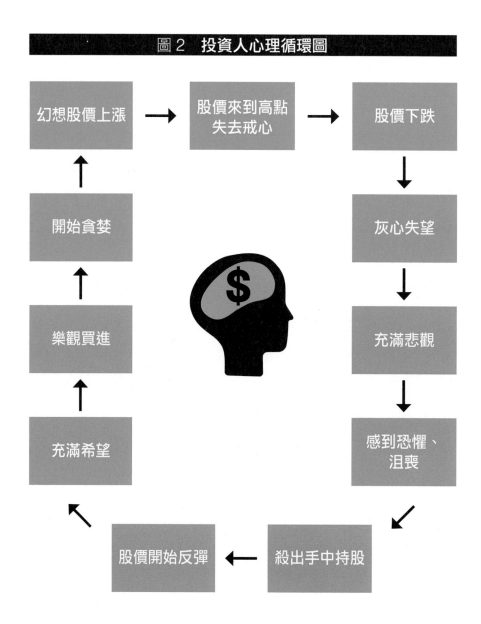

圖 2　投資人心理循環圖

贏家的必要條件

　　股票市場是一個幾家歡樂幾家愁的殘酷戰場，相信在大家身邊或由媒體新聞報導中，都常見投資失利導致悲劇的案例。有贏家就一定會有輸家，而且輸家總是比贏家多出許多，大部分投資人也總是賺少賠多。

　　不論我如何苦口婆心，一再宣導正確的中長期投資觀念，還是抵不過現今市場投資人的主流作法：不論是聽信投顧老師分析，追求明牌；崇拜網紅靠幾條線的短線交易，就能創造數倍獲利；或一看到行情上漲便見獵心喜，忍不住去追高交易想賺取短線快錢等等。這些人最終還是一腳踏進市場主力預設好的陷阱，而淪為輸家，賠上一輩子的積蓄、甚至走上絕路的訊息時有所聞。

　　我想，「投資」這件事，唯有從改變心態做起，才能晉升成為股市贏家。了解基本投資心理後，也知道影響股市的因素相當多，既然是以穩健報酬為目標，而非以短時間創造追求高報酬為目的（高報酬相對是高風險），我們會再以比較簡單易懂的基本面、技術面、籌碼面等該注意的數據逐一介紹，做為我們在建立投資組合時選股的安全依靠。

資本市場不曾消失，一直都存在！贏家與輸家的關鍵差異，就在於如何利用其「多空漲跌循環」之特性，用一套比較有系統性的投資模式來依循操作，讓資金長期投資下來，善用時間複利，如願達到資產增值效果或接近財務自由的目標。

02
天龍第二部：
認識股票買賣獲利原則

好股價是用時間等出來的，急不得！

投資就是為了賺錢，不可否認，但並不是每個擁有投資發財夢的人，都能如願以償。以股市投資來說，最終目的雖然都是「獲利」，過程方法不同，產生的結果也不盡相同，有人日進斗金，當然也有更多人慘敗賠上家產、甚至輕生。

「盈虧是股票操作的一面鏡子」！賺就是賺、賠就是賠；錢變多變少是最真實、也騙不了人。每個人心裡都清楚自己的盈虧情況，就算礙於面子不想讓人知道，卻騙不了自己。不管盈虧，都忠實地反映出你的「實際操作狀況」，只有釐清這個問題後才能對症下藥。投資結果不外乎以下三種狀況：

一、賺；

二、賠；

三、沒賺沒賠（此狀況較為少見）。

若是股齡超過五年以上，屬於第一類「賺」的投資人，這表示你對盤勢變化能有效掌握，請繼續保持；如果投資股票多年仍然虧損，或交易的勝率高卻累積不到一桶金，這可能代表你必須調整操作方法、策略和投資心態。

如何靠股票賺錢？

究竟投資股票在這一買一賣之間，能夠獲利的方法有哪些？

1.買低賣高：逢低買進比較低價的成本，日後以高於買進成本價賣出。

　　例如：以12元買進3張A股票，在14元時賣出，交易成本（包括手續費、證交稅）未計下，獲利金額為：

（賣出價－買進價）×股票張數×股數（每張＝1000股）
（14－12）元×3張×1000股＝6000元

2.買高賣更高：確立股票轉強趨勢的前提下，雖然買到離底部低價已有一段距離的價位，但未來可以更高價格賣出獲利。

3.買進後參加配股配息，以高於成本價賣出：此法可降低成本價位，再以高於成本的價格賣出獲利。

　　舉例來說，以16.8元買進1張股票，參加配息0.3元、配股1元（即100股），買進成本將降為15元，再以16元賣出。其中，

交易成本（手續費，證交稅）和二代健保補充保費未計下，獲利
金額計算如後：

> **配股配息後的成本價 =**
>
> （買進價－配息）÷股票張數（原股＋配股）
>
> （16.8－0.3）元÷1.1張（1000＋100股）＝15元
>
> （賣出價－配股配息後的成本）×股數（每張＝1000股）
>
> （16－15）元×（1000＋100）股＝1100元（獲利金額）

4. 先賣高價，低價補回：即賣空買空當沖或是放空交易，因為這
個方法並非以穩健增值為目的，較近似投機交易方式，不符合我
們所強調的穩健增值之目標，故此法不列入「GOWIN 投資模式」
中應用。

　　但也有例外情形，例如我長期持有多年的玉山金股票，有時
會利用第四種先賣高價，逢低再補回以提高報酬率，可見後面篇
幅（詳見第三章）。

其他操作策略：

　　來回操作：這種方法較為進階，得在正確判斷下執行才能達

圖3　直接影響股票獲利4種方法

1 買低賣高

2 買高賣更高

$

3 參加配息配股
高於成本價
賣出

4 先賣高價
低價補回

陣。舉例來說，一開始買進價位 15 元，一度跌至 12.80 元，等到反彈至 14.6 元時先賣出，再次回跌至 13.30 元買回，這樣成本就由原來的 15 元降為 13.70 元。

　　換股操作：原持有 16.8 元套牢的 C 股票，當發現一檔具有上漲潛力 16 元的 D 股票，可考慮將手中 C 股票賣出換成 D 股票。等 D 股票如預期上漲至 17.8 元，而 C 股票仍停留在 16.8 元附近，

當初買進 C 股票理由仍存在且看好，可將 D 股票換回 C 股票繼續持有。這樣原來 C 股票的持有成本有下降效果。我個人便經常應用此方式。

> C 股票 16.8 元→（換）D 股票 16 元
> D 股票↑ 17.8 元→（換回）C 股票 16.8 元

就長期及波段投資者的角度來看，上述四種方法我都歸類為「直接影響股票獲利」的因素。

黑天鵝事件防不勝防

相對的，也有些「間接影響股票獲利」的因素：包括國際原油價格、美元指數漲跌，或之前英國脫歐與否……等國際事件，以及外資調高調降大盤指數及調整某檔個股未來目標價位，甚至是前一天歐美各國股市上漲或下跌……等等。這些我都定義為間接影響，主因在於這些市場上的訊息，並非是影響長期買賣股票穩健獲利增值的直接因素，僅對短線交易影響較為劇烈而直接。

舉例來說，以民國 97 年（西元 2008 年）百年難得一遇的全

球金融海嘯為例。當時台股大盤指數從 9000 多點往下急挫，跌勢又急又猛，直到 3955 點才止跌回升。期間跌破六千點時，很多人就被追繳斷頭黯然離開市場；但盤勢並未就此止住，繼續向下跌破五千點，當然又有一些投資人因此陣亡；跌至四千點附近，投資人恐慌情緒達到極高點，選擇放棄，並認賠殺出手中所持有的股票。

面對這場史無前例的大逃亡，各財經媒體爭相報導，不少分析師和投顧老師們紛說，這已超出他們幾十年來所見所聞，不論是從基本面、技術面、籌碼面來看，會跌破四千點、三千點，甚至摜破民國 79 年低點 2485 的，都大有人在。

記得當時的我持股超過七成，手上仍有三成左右資金，同樣處於套牢困境。我記得，雷曼兄弟公司破產消息傳出的隔天開盤，手中股票就已經跌停板，市值蒸發相當於我一年的薪水；第二天仍幾乎跌停，市值再次蒸發約一年薪水，就這樣連續四天重挫！

不過，我對台灣經濟仍深具信心，如前文所述：「股市本多空漲跌循環，資本市場不會消失」，所以我分批、逢低慢慢地承接，加碼買進，一直往下就一路逢低承接，買到九成以上持股，身上的錢幾乎剩不到 3 萬元。

　　當時有些同事的客戶使用融資買股，被追繳後為了避免被斷頭，不僅拿名下房子向銀行抵押貸款，或是到處借錢來追繳……各種慘烈狀況屢見不鮮。至今，我仍難忘當下心中的龐大壓力，卻敢於選擇違反人性的逆向思考操作方式，持續分批往下加碼，現在回想雖看似有勇無謀，卻是正確的決定。果然，等到一波反彈大漲到 9220 點，也反敗為勝。

　　若用指數下跌來看當時盤勢，像是斷手斷腳的感覺，如果用個股的跌勢來看，更是幾乎跌到命都要沒了；但換個角度，**每次的大跌大幅修正，都是一次財富重分配的大好時機**！問題在於，是你的財富被別人分配走了，還是把別人的財富分配到你的口袋裡？希望看到本文的讀者，也能從中領悟到一些投資智慧，少走一段投資冤枉路。

　　在金融海嘯事件中反敗為勝的例子，我們可以用來舉一反三，回顧一下其中應用到的股票獲利方法：包括方法 1 的「買低賣高」之外；還有方法 3 的「參加配股配息」，待股票張數變多，相對持股成本降低，再把領到的現金股息買進，做好長期投資心理準備並耐心等候，才得以在爾後一波快速反彈回升的行情中，大幅增加手中持股市值。當然，過程中也有利用換股操作方式，讓整

體市值總額（股票市值＋手中現金）比一般投資人更快回到海嘯之前的水準！

這樣搭配的操作方式，也是建立「GOWIN 投資模式」的投資組合中「理財性投資標的」（見第三章）達到穩健增值目的，會詳細介紹的重要方法。

03
天龍第三部：
切記小賺十次抵不過一次大賠

按部就班用時間（長期投資）換取空間（市值增值），
才是財富累積的良方。

G我們從小學算術，1＋1＝2，3＋5＝8，也知道在**數學裡**，10＞1是最簡單不過的道理。但是，在股票市場，可就不是這麼一回事；甚至，我常告訴身邊的投資人，股票市場中是「10＜1」！

原因在於你一次次成功獲利，甚至累積十次所賺到的錢，可能還抵不過一次大賠所造成的虧損。在浩瀚的股市中投資，如果不能避免「大賠」的嚴重錯誤，資產想要穩健增值恐怕淪為一場不可能的任務。

舉例來說，報載有一家保險公司曾投資「宏達電」（代號2498）這檔股票，該保險公司在104年8月的法說會中坦承，共計買進約6000多張，已陸續認賠賣出，損失飆破55億元，甚至只能賣樓止血。

究竟，這家保險公司每一張股票賠掉多少錢呢？我們以保守方式試算，若損失50多億元以50億元計，所購買6000多張股票則以整數7000張計，則公式為：

5,000,000,000元÷7,000張＝714,285元

也就是說，這家保險公司所購買的宏達電股票，每張至少虧損71萬元，相當於每股賠710元！從100年4月到104年8月間，由最高價1300元跌到40.35元，遑論所謂的專業法人機構竟然也

會發生這麼大幅度負報酬率的事，完全忘記什麼叫做停損機制，但它真的就發生在你我眼前！

若是上述狀況發生在你我身上，一次慘賠 90%，相當於買進 100 元的股票卻以 10 元賣出，大賠 90 元，若想要回到原來的本金 100 元，那得要賺 900%（9 倍）才行！姑且不論難度多高，勢必還得花上一段時間才能賺回來。所以，我要再次強調，在投資的道路上一定得記住「避開大賠」，否則發生一次即是重傷害，發生兩次可能就去了半條命！不可不慎！

只是，我們應該如何避免類似的投資大賠狀況呢？

以我個人的投資經驗來看，目前上市、上櫃和興櫃股票公司大約 2000 檔左右，如果自以為是股神，認為某支股票符合個人的技術面或籌碼面選股，就貿然積極投入資金，這種作法並無法避免 10 ＜ 1 這種狀況發生，為了「明哲保身」，我整理出幾類應該避開、盡量不碰的股票類型，分述如下。

第一類：**漲很多且基期高的股票→不碰**

很多投資高手或投資專家都會在媒體上或市場分析時，建議

最為強勢的個股，尤其是創近期新高價的標的，以創造較高報酬率。但我卻有不同見解。如同我一再強調的，要以穩健增值為主要目的，通常這類股票投資風險相對高，例如新藥股、遊戲股……等，是以本夢比為漲升訴求的公司，在漲多且基期相對高的情形下追高買進，一旦反轉而下，投資人又無法適時壯士斷腕，及時執行停損機制，這種創高的股票往往修正幅度會很大，直到投資人受不了後才又反彈。許多人總在受不了的階段就已認賠殺出，根本等不到反彈行情。因此，建議避開此類股票以免受到重傷害！

例如宏達電，兩度從 200 元不到，分別漲到 1220 元及 1300 元，但 104 年 8 月卻跌到最低 40.35 元。或許，你認為自己不會這麼傻去追 800 元或 1000 元的宏達電，但當時外資一家家幾近瘋狂式的調高其目標價到 1400、1600 元，甚至更高，再加上報章雜誌頻放利多消息的推波助瀾下，一般投資人在當下的樂觀氣氛影響下，很難不受影響，誠如前面所述的保險公司大量買進該股票，所以確實出現很多「勇敢的人」去買千元以上的宏達電，最後慘遭套牢或慘賠的命運！

我長年觀察股市，「股市最缺的是資金，最不缺的就是『傻

瓜』。」這些人或許是「貪心」使然，再加上毫無投資戒心，才會做出這種「傻事」。不可否認，我也曾是股市中的一個傻瓜，只是我比一般投資人早日認清這個事實，當然如果你自認是股市高手，以短線操作投機獲利為目的，也能嚴格執行停損，那就另當別論，當然也不在「GOWIN 投資模式」的討論之列。

第二類：高價股→不碰

一般而言，高價股相對具有較強的獲利能力及籌碼優勢（編按：即股價愈高，一般散戶比較買不起，籌碼集中在資金部位大的法人及中實戶、大戶手中），當然，也有一些股票是主力利用特殊題材炒作成為高價的個股，而非以獲利成長為依據。

或許，很多人會有疑問，到底何謂「高價股」？就我來定義的話，如果總投資金額在 500 萬元以內，我認為 100 元以上的股票就可稱作高價股，因為「GOWIN 投資模式」強調的是把資金分散在數檔股票上建立投資組合，故 100 元以上的標的不利於多次分批往下布局。當然，如果你的總投資金額高達數千萬，甚至上億元，那麼對你而言，100 元的股價就不算是高價股了。

在多年的實際交易經驗和觀察盤勢變化中，我深信，高價股並不適合一般投資人。主要有兩個原因：

首先，一般投資人的閒置資金並不是很寬鬆，不容易達到「分批布局、降低平均成本」目的。

其次，高價股或是股王、股后一旦開始「修正」，股價常出現「腰斬」現象，為了避免犯下市值大縮水的致命嚴重傷害，所以建議不碰高價股。

這些所謂的高價股票，每股股價動輒四、五百元，換算下來，買一張股票就需要四、五十萬元。就算再看好其未來行情，在交易布局過程中，由於資金成本相對高，對一般投資人而言，並不容易做到分批承接以利自身平均股票成本。除非你的銀彈（資金）充足，但這點一般投資人恐較難達成；或許會有人想到以買進零股的方式，但我還是認為不妥。

比財力，更比心理戰

以股王大立光（代號3008）為例，在104年7月3日最高價來到3715元，105年1月8日跌到1790元，短短半年跌了51.8%，一張股票就賠掉192.5萬元！以主計處公布，106年勞工

平均每月薪資49,989元來換算,光是一張股票就足足賠掉3年的薪資所得,恐怕不是一般人的財力所能負荷。再者,儘管大立光在105年10月5日又上漲至3980元價位,但早在下跌至1790元的過程中,投資人可能早就因為心理恐慌而殺出手中持股,根本等不到後來3900元以上的價位。

就算是用零股100股、100股分批布局,動輒數十萬的金額也不是小數目,況且高價股拉回修正的幅度都不小,即使大立光的獲利能力這麼高,幾乎是前無古人的超高EPS仍如此大幅度修正,何況買的是非以業績獲利成長,而是藉由題材強拉的高價股公司?

或許還是有人不解,既然這家公司這麼賺,為何不能投資?坦白說,並不是不能投資,而是就我自身多年的投資歷程所見所聞,一般投資人最好少碰高價股為妙的理由,除了上述的財力、心理因素外;還有一點,再以大立光為例,股價曾腰斬下跌達51.8%,這樣的修正幅度實在令人膽顫心驚,而且往往高價股下跌過程中,由於虧損的「絕對金額」大,可能讓人因而變成失去原來想持有的信心,更不敢加碼買進。

再舉個例子,我曾有個客戶在威盛(代號2388)股價從629

元跌到 450 元時開始布局。當時曾出現一波反彈回到 600 元以上，因為客戶看好該個股，打算中長期持有，所以並未獲利賣出。只是，接下來威盛連續下跌五個月，直到 165 元才止跌！

威盛下跌過程中，這位客戶在跌破 400 元、300 元都仍繼續承接，愈買愈多，只是即使口袋夠深，買到 250 元後，卻再也買不下手，也不敢再買。但威盛的股價仍是無情地往下探底。所幸客戶有所警覺，但也同時出現恐慌心理，因而找我商討對策。

當時，我的想法只有一個，就是如何把損失降到最低。一邊安撫客戶心情之際，我同時分析，威盛是贏在一時而非一直能保有領先優勢的公司，獲利並不夠穩定，所以不建議客戶中長期持有。其次，根據過去經驗，大部分股票在這麼慘烈的急殺後，不排除會出現一波反彈走勢。客戶認同此一觀點，所幸股價從 165 元開始反彈，上攻 365 元，客戶也順利在 300 元附近分批出清。

雖然客戶免不了因此大失血，但威盛的跌勢仍未打住，甚至在 104 年 7 月一度最低股價來到 4.3 元。如今回想，當初若沒有停損賣出的壯士斷腕決心，事後看到這樣的股價，恐怕換成是你我，想砍也砍不下手吧！

最後，我還是要提醒，「GOWIN 投資模式」強調的是一步

步穩健累積報酬，首先就是必須盡量降低投資風險，雖然賺不到股王大立光從 1000 元漲到 3900 元的機會，但至少能避開宏達電慘賠 90％的風險，也就是前文所述的「避開 10 ＜ 1 大賠，以免導致重傷害後需花更長時間才能賺回原來本金」。

第三類：領導人信譽不良、風評不佳的公司→不碰

一個人的品格，是我們結交朋友的依據，重要性不言而喻；相對的，一家「公司的品格」如何，也是我在做投資考量、選擇標的過程中，重要的關鍵指標之一。

怎樣算是一個優秀的公司領導人？除了專業能力備受肯定，經營管理上也要懂得用人、帶人，才能擘畫公司策略與未來前景，帶領公司往對的方向前進。

因此領導人的品性與言行舉止更是動見觀瞻，深深影響公司的形象與前景。若是不務正業，跨行胡亂投資不相關的行業或炒股票，或者常上媒體版面、花邊新聞不斷，在在代表著，這位公司領導人的心思早已不在公司營運上。這樣的公司如何有前景可

言，如何能讓人放心投資？

在股市多年，我也親眼所見這些「素行不良」的上市櫃公司，有些長期以來在經營管理方面績效劣於同業，或業績幾乎是年年虧損、大賠小賺，抑或是股價大起大落者其實不少。

甚或公司老闆、高階主管人員信譽不良、風評差或官司纏身，還有財務會計部門最高主管離職、疑似掏空或挪用公司資金、轉投資事業過於複雜、勞資關係爭議很大、小孩玩大車（編按：即資本額小卻想吃下大上好幾倍的公司）……等情事。

諸如上述所述的公司股票，我一概視為拒絕往來戶。我也常對客戶提醒，最好不要碰這類公司，更不要心存僥倖，因為股價已下跌很多，或認為股價已經跌到很低，就用「搶反彈、賭運氣、賺快錢」心態介入，一旦誤踩地雷股變成壁紙，價值歸零，反而得不償失。

有人說，股市是吃人的市場！如果你在股票市場的資歷夠深，想必聽過光男、濟業、三富汽車、國產汽車、羽田機械、中興紡織、華隆紡織、東雲、民興紡織、嘉畜、萬有紙業、彥武鋼鐵、宏福建設、三采建設、中強電子、茂德、博達……等上市櫃公司，其中一些還是當時期的熱門標的，如今卻都因為「不務正業」而

下市櫃，這些案例不勝枚舉。

　　再次提醒，如果你能避開上述狀況，多花點心思做好功課，嚴格挑選所投資的公司，我想，股市反而是一條獲取穩健報酬不錯的投資理財途徑。若是你選擇投資標的時，是用隨波逐流、亂槍打鳥的心態，那麼股市對你而言，就像是吃人的市場，你的財富極可能會被別人分配走！

第四類：不熟的股票→不碰

　　提起每個人的股票經，絕對少不了從親友、同事那兒聽來的耳語內線，或者雜誌報導、財經台投顧老師分析的熱門股。只是你真的放心把自己辛苦賺來的錢，聽別人說說就貿然投入股市？再說，既然投資標的真的很重要，但是該怎麼選呢？

　　目前在台灣掛牌交易的標的，包括上市、上櫃、興櫃加起來已超過兩千檔，如果沒有設定一個選股範圍，交易五年、十年之後，搞不好曾經買賣過的股票就多達百檔或數百檔以上。

　　亂槍打鳥的方式，想要讓自己「資產穩健增值」難度很高。畢竟每種類股或單一個股都有其不同之「股性」和「操作方式」，

如果交易標的換來換去，恐怕過於複雜，投資前和投資後得做的專業功課不少，這樣也勢必難以熟悉各標的或各類股的股性，反而不容易從中獲利。

根據我個人經驗，在股票市場中選股和操作上，盡量簡單化反而容易成功；過於複雜的操作或選股，反易顧此失彼而手忙腳亂，更容易發生 10 ＜ 1 的狀況，更加得不償失。

股神巴菲特也力行的原則

股神巴菲特最為人熟知的投資習慣之一，就是選擇熟悉的公司，從來不選不熟悉的股票。巴菲特常說：「投資必須堅持理性的原則，如果你不了解它，就不要行動。」所以，對於那些財務、經營狀況、管理階層的基本情況等都不了解、不熟悉的公司，即便各界吹捧，他也從不感興趣，更遑論投資買股票。

畢竟一個人的精力與時間有限，股市中的股票公司數以千計，不同公司從事不同的業務，我們不可能全都去熟悉了解。所以，巴菲特認為，那不如將有限的精力集中在自己熟悉的產業，多去了解，更有利於進行投資決策。所以，巴菲特才能在全球瘋網路股的泡沫中全身而退，成為真正的股市贏家。

　　回頭看一下 105 年驚動資本市場的一則新聞。當年 5 月 31 日，樂陞科技公告，日商百尺竿頭將以財務投資人身分，公開收購樂陞股權，每股收購價格為 128 元，溢價逾 20%。消息傳出，樂陞股價一度大漲，也吸引許多投資人進場卡位，認為只要買到就能現賺價差，於是一窩蜂的搶進，尤其自投審會通過此收購案後，更對此深信不疑。

　　相信當時大部分投資人對樂陞科技的所知有限，除了是一家遊戲公司，究竟歷年獲利狀況如何並未深入了解，甚至未深究百尺竿頭（資本額才五千萬元）這家公司的籌資能力，以及會不會是所謂的人頭公司。

　　樂陞案發生後，大部分買進的投資人，不論是買在 100 元或 100 元以下，虧損幅度大家都相同：-100%！因為，股票下市了。至少有兩萬多位小散戶受害，其中很多是不常交易買賣股票的人，實在是令人難過。

　　不了解狀況就貿然投資的狀況，就像很多中小企業根本不知道什麼是 TRF[1]（Target Redemption Forward，目標可贖回遠期契約），就在銀行理專的「建議」下承作，結果亦是造成嚴重虧損。

原則上，**在金融市場做任何投資時，必須嚴守紀律，「不熟的不碰」**！尤其是股票市場，堅守明白自己想賺的是資產穩健增值的錢，而不是想賺所有股票的快錢，因此只交易和操作自己熟悉的標的。來回操作多次，愈來愈熟悉其股性後，便能事半功倍地理出一套適合自己的投資方法，日後，你將發現銀行存摺裡的數字也會逐漸增加，離財務自由愈來愈近，我就是最好的範例。

第五類：衍生性金融商品→不碰

低利率時代怎麼把薪水變大？在金融市場上，理財投資商品眾多，也不斷推陳出新。不管是小資族、上班族、退休族，看準大家想要賺錢的慾望，不少證券公司單獨或聯合舉辦一些衍生性商品競賽，像是權證、期貨、選擇權……等，甚至連交易所也站在鼓勵立場，都強調投入小錢可獲取大利潤，或是解釋其產品具有避險功能，不斷鼓勵一般投資人或小資族積極參與。

---

1. 目標可贖回遠期契約，一種衍生性金融商品，中央銀行將其分類為選擇權類的商品。交易方式為由銀行與客戶對「未來匯率走勢」進行押注。之前台灣盛行銷售的，是一種「人民幣匯率」選擇權。

對於這些鼓勵投機的各類商業活動，我個人相當不認同。

甚至還有各家券商發行很多檔權證，到期時大部分幾乎都變成「歸零膏」，價值歸 0，投資報酬率是「負 100%」，不論是小買（小錢）或是大買（大錢），都是重傷害。期貨更是「零和遊戲」，有人賺到錢就代表有人賠錢！比的不是誰的交易經驗豐富或是投資功力深厚，而是誰的拳頭大（資金龐大）就勝算高。

股票市場上有此一說，投資股票的 100 個人中，大約只有將近 10 個人能真正賺到錢。但是，投資衍生性商品的 100 個人中，長期操作下來能真正獲利的，可能不超過 3 個。對我而言，衍生性商品與賭博無異。

我總是不斷提醒，「GOWIN 投資模式」是以資產穩健增值為主要目標，常見的衍生性金融商品係以小博大、財務槓桿操作、投機性質高，雖然做對了投資報酬也相當高，但做錯時虧損的負投報率也是倍數擴增，並不符合「穩健」原則。

早期我仍在證券公司時，曾在公司期權主管的「鼓勵」下，操作過衍生性商品多年，賺賺賠賠加總累積後，算是打平而已。但事後回想實在花太多時間盯盤，相對所創造的利潤根本不成比例，加上是槓桿倍數操作，風險過大進而造成心理壓力，也不符

合我對於投資必須「簡單」的原則。有了這些經驗,讓我更下定決心,不碰這些衍生性商品。

我很清楚,自己可以在股票操作上賺到「穩健增值」的錢,又何必急於一時利用槓桿交易,去賺那種風險極高的快錢?當然,如果有讀者自認為是那3%裡面的「高手」,自然另當別論!我只能再次提醒,操作時務必小心謹慎。

第六類:不單押一檔個股,ETF例外

誠如我在前文的交易經驗中所述,我剛入行的前十多年幾乎都是在「拚孤支」,把所有資金集中買進和操作一檔股票,以成為「股神」為終極目標!

我一直在找尋一個「買了就開始上漲,賣出後股價就下跌」的方法。經過十多年不斷的測試與努力鑽研,確信這關係著精準的進場時機和進場價格,雖有時成功卻也難免失敗,一再重複成功與失敗的過程,我最後終於得到一個答案:**短期的搶進殺出或許能賺到快錢,但時間拉長來看,根本無法累積更多金額。**

也就是說,一時的成功獲利,純粹只是運氣好,下次再用相

同方法操作，結果卻是把賺到的錢又吐回去。我認清，「沒有一種投資方法，是可以每次套用都穩贏且管用的」，唯有以長期投資的心態，加上具系統性的整套操作模式，才能有效的穩健累積資產。

在股市拚孤支，曾讓我在一兩個月內就獲利 30%，但也曾因為判斷錯誤快速虧損 20% 以上。拚孤支的結果，如果不是錢累積愈來愈快愈多，就是原有的本金將變得愈來愈少，但通常大部分人都屬於後者，甚至輸光了錢，黯然離開市場。

在這種賺 30% 和賠 20% 交替循環中，財富累積的速度並沒有想像中快（見右表），也無法穩健增值資產，而且拚孤支時所承受的風險和心理壓力都相當大，彷彿走在鋼索上，一失足就可能粉身碎骨。不僅所有努力及資金將一夕蒸發，化為烏有，犯了 10 ＜ 1 的重傷害，以前曾有多次「拚孤支」被套牢，反而失去更多換股操作的獲利機會，唯有做好「投資組合」，才是降低風險的正確作法之一，這是我的體悟。

從右表得知，若以財務自由目標為終點，過程猶如「龜兔賽跑」的結果一樣，比起跳得快但跳跳停停、忽前忽後的兔子（高報酬、負報酬），一步步慢慢爬，不停地往前（穩健報酬）的烏龜，

圖 4 「+30%、-20%循環」vs.「穩定報酬」哪個比較賺？

我們用實際數字換算+30%和-20%交替循環的結果。本金同為100萬元，共有四組不同條件的操作方式，我們來看第1～8年後的資金累積變化，更容易理解。

本金為 1,000,000 元
A 每年複利 6%、B 每年複利 8%、C 每年複利 10%、D 一年賺 30%，隔年賠 20%，重複循環。

> 雖然 D 一年獲利可高達 30%，隔年只虧損 20%，在七年後所累積的錢比每年僅獲利 6% 的 A 還要少。

> 報酬率 8% 的 B，在五年後累積金額就可超過 D。

> 報酬率 10% 的 C，在三年後的累積金額已和 D 接近。

	A	B	C	D
一年後	1060000	1080000	1100000	1300000
兩年後	1123600	1166400	1210000	1040000
三年後	1191016	1259712	1331000	1352000
四年後	1262476	1360488	1464100	1081600
五年後	1338224	1469327	1610510	1406080
六年後	1418517	1586873	1771561	1124864
七年後	1503628	1713822	1948717	1462323
八年後	1593845	1850927	2143588	1169858

（單位：元）

此表也呼應了所謂的「複利」法則，在「72法則」中，假使最初投資金額為100萬元，年複利率是8%，用72除以複利數值8，得出9，代表需大約9年的時間，投資本金會增值一倍變成200萬元，我們用上表八年後的B，再乘以1.08（第九年後）得出1999001，和200萬已很接近，來解釋72法則的概算應用。

顯然比兔子更快一步到達終點。

　　兔子，就像是一般投資人；烏龜，才是我一再強調的「穩健投資人」，也是「GOWIN 投資模式」所追求的。

　　兩種不同投資人之間的差異在於：一般投資人常以獲利為最優先考量，總在大賺大賠或是小賺小賠間不停地重複循環，時間拉長來看，難以有效累積一桶又一桶的資金，資產累積不夠穩定。而穩健投資人，則是優先考慮投資風險後才想到未來獲利，採取較為穩健的操作策略，能穩定的讓資產逐步增值。當盤勢由多轉空別人犯錯大賠時，頂多是小傷，別人賺錢時也能用自己的投資模式創造資產穩健增值效果。尤其將時間拉長來觀察，資產不但有效增加，甚至可能會是相當可觀。

　　此一說法也可由上表中看出，同樣的資金在拚孤支高風險下追求大賺大賠的循環，遠不及長期穩健報酬所帶來的增值效果。

　　但有個例外，也就是近來很受投資人青睞的 ETF。ETF 屬於一種被動式基金，例如元大寶來投信發行的台灣卓越五十基金 ETF（代號 0050），就是以台灣上市股票公司中市值前五十大的公司為主要投資標的，就等同於一個穩健的「投資組合」，所以不歸類在拚孤支的行列中，坊間也有許多的相關書籍，皆以作者

圖5　一般投資人 vs. 穩健投資人

一般投資人	差異性	穩健投資人
獲利優先	投資原則	先考慮風險，才想到未來獲利
大賺大賠、小賺小賠	獲利變化	只求穩健報酬
資產累積不夠穩定	資產變化	資產有效增加

自身實際交易經驗分享，可供大家參考，本書就不贅述。

「股王」教我的事

　　很多人迷信所謂的「股王」、「股后」，認為只要一次資產增幅就相當可觀，卻未考慮到潛在的風險。我認為，對於像是你我這樣的投資人而言，長期來看，交易高價股對財富累積似乎沒有太大幫助，尤其是「買股王」！當股王跌下寶座，跌幅往往相當驚人（詳見下表）。這也印證我買進高價股的心得體悟：很多高價股的股價之所以高高在上，大都是以獲利佳且業績大幅成長為主要因素。

股王（代號）	最高股價（登股王時間）	現今股價
國泰金（2882）	1975 元（78/06）	39.95 元
禾伸堂（3026）	999 元（89/04）	86.9 元
威盛（2388）	629 元（89/04）	79 元
聯發科（2454）	783 元（91/04）	551 元
宏達電（2498）	1300 元（100/04）	54.8 元
大立光（3008）	👑 6075 元（106/08）	1675 元

備註：資料日期至 111/9/30

　　這類高價股的「股價」通常都會領先反映（但市場中永遠有人比你我早知道），在公布業績成長前達到高點。一旦股價開始下跌，市場上的投資人可能會試圖找出下跌原因，遍尋不著時便開始催眠自己：「這只是短暫幾天的回檔整理」，並且持續加碼。此時的投資人尚未有任何戒心，期待股價會快速反彈，心態上仍然偏多，根本不會想要賣掉手中持股。

　　直到這些公司公布 EPS 後，投資人才恍然大悟：原來是高獲利不再或成長停滯，甚至出現大幅度衰退情形。但為時已晚，因為股價在前面早已慢慢下跌了一段，公布業績後很可能再加快往下修正一段，到時候想跑也已經賣不下手。

　　避開這種因「股價時間差」造成的可能傷害，也是我將高價股排除在外的重要原因之一，更隨時提醒自己，把高價股視為拒絕往來戶！當然，很多非高價位股票也有此現象，只是就我個人觀察發現，高價股的「股價時間差」尤其明顯，投資人不可不慎。

　　按部就班用時間（長期投資）換取空間（市值增值），一步一步穩健地慢慢前進，才是財富累積良方。就像維持人體健康一樣，「慢活，更快活」！

04

天龍第四部：
加強正確的投資觀念

沒有任何一支股票（拚孤支），可以「絕對」資產
穩健增值永久，因為產業景氣循環有高低變化；
但做好適當的「投資組合」卻「相對」可能達成。

觀念一、沒有「絕對」，只有「相對」

股市是活的！

只要一開盤交易，股價便每分鐘都在跳動直到收盤（編按：原撮合制度是每 5 秒鐘撮合成交一次，109 年 3 月 23 日已正式改為「即時撮合」），每天的收盤價都可能和前一日有所不同。

投資人的類型，包含當沖、短、中、長期投資等操作方式，想法上更是不盡相同。用「詭譎多變」來形容股市的多變性，相當貼切。或許短期間的股價，可以由特定人決定；但就長期而言，股價仍是由市場所有投資人共同決定。

我經過十幾、二十年的測試再測試，更加印證了，有時候選對一支股票，可以大賺一筆；有時候故技重施，卻鎩羽而歸。縱然某一招的選股方式能夠創造一兩次不錯的獲利，但愈來愈多人和我用一樣的方法來選股後，先前獲利的這招就變得不管用，也不容易賺到錢。

備註：未來下單時「掛單」的買賣價格，建議買進時，用所揭露的「賣出最低價」限價掛進，比較保險，千萬不要用「市價漲停板」價位掛進。賣出時，則用所揭露的「買進最高價」限價掛出，切忌用「市價跌停板」價位掛出，以免成交到「跌停板」價格。

我曾百思不得其解，這又是為什麼？後來才明白，「股市是活的」！

在股票市場，我們所買進的股票，都是「別人」賣出來，像你我這樣散戶買進的大部分股票，我都設定是所謂的「主力」所賣出的，在這樣的前提下，我們如何能一次又一次用相同的招式短線獲利？

主力不是傻瓜，更不是慈善機構。主力是想賺你我錢的人，想通這個道理後，我更加確信，市場上根本沒有一種能夠在短期之內，一次又一次「絕對」獲利的方法；但是如果把短期操作轉變成長期投資的話，應該能夠理出一套「相對」穩健獲利的投資模式。當然投資方法也必須靈活且全面性考量，才能走得長遠。

過去常有客戶問我，某一檔股票在目前價位能不能買？或多少錢買？又何時該賣？這種說法，便是用「絕對」的價位來衡量股票該買或該賣。只是如果投資股票可以這麼簡單的一言以蔽之，就能創造長期資金積累的話，豈不是太完美了？

同產業相對比較

說現實點，這很難！也不可能。除非你比股神巴菲特，更神！

　　何謂股市投資的「相對」與「絕對」？我們再舉個例子來看。
106 年成為全球市值百大企業的台積電（代號 2330），在創辦人
張忠謀董事長的領導下，不僅業績蒸蒸日上，更成為一家重量級
國際企業。

　　若想要投資台積電股票，我們除了針對其歷年獲利能力予以
評估，也應該找國際性企業或同屬半導體產業的公司做一「相對」
比較。例如，個人電腦半導體處理器的製造龍頭英特爾（Intel）。

　　以 108 年 4 月 15 日來看，台積電的股價是 255.5 元（ADR
收盤價是 42.61 美元 2），英特爾股價是 56.28 美元。若是全球經
濟景氣向上，半導體景氣也不錯，未來當英特爾的股價由 56.28
美元漲 10%來到 61.9 美元，而台積電股價才由 255.5 元漲到 260
元，並未達相對 10%的漲幅，則顯示漲幅出現相對落後現象。

　　這時候，我的作法是先收集相關資訊，研究台積電是否營運
遇到瓶頸、訂單流失，或是否股價先前已領先走強一段，才使得
股價跟不上同產業股的漲幅。在確認台積電的營運沒有任何問題、

2. 台積電 ADR 收盤 42.61 美元 (折合約台幣 263.04 元 , 以當天新台幣匯市收盤價
　 30.866 元兌一美元計算 , 算法為 42.61×30.866÷5=263.04 元), 每單位台積電 ADR
　 相當約台股 5 股台積電普通股。

之前股價也沒有領先現象，只是不同市場存在的落後性。因為已
屬高價股（PS. 之前提過「高價股→不碰」原則）。我便會持續追
蹤它的股價變化，畢竟它是台股中權值最重的公司，對指數漲跌
具有影響，對整體盤勢變化有一定參考性。但如果是資金部位較
大且空手的長期投資者，就可以考慮分批布局一些。

　　反之，如果半導體整體景氣不佳，英特爾股價已率先回檔反
映，而台積電股價仍高高在上，我也會提醒自己，現階段股價是
否因為外資在期貨和現貨的策略性控盤操作，若經過評估還是出
現高估情形，則需考慮減碼。

　　這就是我所謂的「相對」觀念！

市值相對比較

　　除了用「股價」進行相對比較外，也可以用「總市值變化」
做一相對比較，以衡量其股價是否有高估或低估之情形，決定減
碼或是加碼，調整手中部位。

總市值＝股價×已發行股份總數

　　通常我會選擇兩家（當然也可用多家）的公司總市值之比值
相對比較，例如：A、B 兩家公司假使市值大都維持在 0.8：1 的

比例，但短期間內，由於利多訊息或資金流入拉抬……等因素影響造成股價上揚，導致兩家公司的總市值比值變動為 0.9：1，那也得留意短期內股價是否出現高估現象，若是，則可考慮減碼部分持股因應。

其他相對比較

除了「同產業股」在同一期間股價、總市值變化做比較，我也會將此比較法延伸到「非同產業股」之換股上，例如台積電和鴻海兩家產業龍頭股的股價比值或市值變化、電子個股和金融個股的股價漲跌變化，或是金融股和傳統產業個股的價格變化……等相對比較，找出未來較有利可圖者。

如果你是剛進入股市的菜鳥投資人，或不曾聽過這種方式的人，我想先建立此一觀念之後，只要再加上日後的實際操作，多累積相關經驗，便能體悟這種相對比較法的概念。

以上舉例說明僅止於在某「單一個股」之「相對比較」概念上，而「GOWIN 投資模式」著重的是在「整體投資組合」上及各階段的「適當持股現金比重」，是更加全面性考量的模式，亦較為符合「穩健」之原則，這留待後面的第六、七部再詳加說明。

觀念二、總額概念

這裡我強調的**所謂「總額概念」，是指「手中股票總市值的變化」**，而非只注重任何單一股票的漲跌賺賠情形。

一般來說，大部分投資人手中的股票不會只有一檔，至少也有兩、三檔以上。大多數人在想要變現時，首先考慮的都是哪一支股票賺錢，哪一支股票賠錢；接著就是賣出賺錢的股票，馬上實現獲利，至於賠錢的股票則捨不得賣，因為不想立即實現虧損，抱持著「總有一天等到你漲回來」的心態。

但是，你是否想過，這種作法正確嗎？我舉兩個客戶的實際例子說明：

我曾有位客戶因為要重新裝潢家中老房子，需要逐步賣出手中一些股票以支付裝潢費用。當時他手中的股票超過 20 檔，股票市值超過 1,500 萬元，其中有些低於成本有獲利，有些則被套牢。

我記得很清楚，其中有一檔套牢的股票「萬有紙業」，其實客戶已不再看好，但卻是主力喜愛炒作的標的，因此在他心中仍有所期待，也選擇賣出賺錢的其他股票，而不想「認賠」立即實現虧損。

　　結果，早已不看好的這檔股票後來下市，成了壁紙。對這檔股票的投資報酬率來說，因為當時不願意「認錯」接受 -20%的虧損，直到 -35%、-50%……客戶都不願停損認賠賣出，最後的結果是超級負報酬，-100%！

　　另一位客戶是位中小企業經營者，偏好買賣當時股價波動幅度大的電子股，當時持股市值大約有 5,000 萬元左右，為了贊助兒子成家買房費用，想賣掉部分股票變現。

　　這位客戶的案例中，因為牽涉到贈與稅的問題，因此，我以國際認證高級理財規劃顧問專業解說應該注意的相關事項，接著聽他說明準備賣出哪些股票，和大概需要準備多少金額等。

　　因為我考量的是「總額」問題，而非客戶所在意的「何檔賺錢、何檔套牢」，雙方看法不一，客戶最後決定賣出手中賺錢的股票，把賠錢的股票留在手上。沒想到，其中一檔曾經風光一時的 DRAM 股「茂德」，在產業劇烈變化下，本業虧損一再擴大，股價跌跌不休，最後也下市，投資報酬率 -100%！

賺的才肯賣，賠的不想賣

　　明明已經不看好該股票，卻因為套牢虧損之故，不願執行停

損認賠,這兩位客戶都是抱著「總有一天等到你回來」的心態,最後演變成嚴重的負投資報酬!如果當初能用「總額概念」來思考,或許結果將會大不同。

上述的案例,反映了一般投資人的心態,在面對投資時,只願意實現獲利卻不願立即面對虧損。這也再次證明我一再強調的,投資市場中的「人性」!如果無法克服這一點,想在股票市場長期累積財富,進而穩健增值,我想實不容易。

至於我,又是如何克服這樣的人性?

其實方法不難,我的作法便是落實「總額概念」。我的操作原則是,哪一支股票賺錢或賠錢,並非是變現時的考量重點,對我來說,賣掉哪一支股票都一樣,對手中的「股票市值總額」不會有所影響。

簡單來說,我和一般投資人最大的不同是在於:**我重視的是「總額」的增減變化,而一般人看的是單一個股的賺賠!**因此,當手上持股有不符合原先預期的,或發現有更理想的標的時,淘汰或換股操作是必要的。

換成是我,需要用錢變現的時候,要決定先賣出哪一支股票,是衡量當時我買它的理由還存不存在、值不值得繼續持有,或是

股價未來是否具備上漲潛力，能不能達到資產穩健增值的目標，並非是以當下賺錢或套牢賠錢為考量依據，畢竟台股約 2000 檔的股票中，就算是精心挑選所建立的「投資組合」，也不可能檔檔都賺錢。

假若一家公司的獲利逐季、逐年成長，股價將「強者恆強」愈來愈高；若是獲利逐季、逐年衰退時，股價可能「弱者更弱」愈來愈低，這個道理從未改變過。

單純以手中賺錢的股票才肯賣出，而賠錢的股票繼續長相廝守，就會和我提到的客戶案例一樣，一旦股票下市價值歸零，將必須花更多時間與金錢才能賺回虧損的錢。

三年增加 30%為目標

投資組合中的每檔股票，都有我們當時的投資「初衷」，很難每一檔股票在同一時間都能獲利，但只要是我們的「市值總額」比剛開始投入的「總成本」更多，即代表我們的資產已相對增加，又何須一再將焦點放在某檔股票是賺或賠這一點上，而造成捨不捨得、願不願意賣出的糾結呢？

我是以每三年為一個基準，看手中股票市值總額能夠增值多

少做為衡量標準，簡單來說，以三年增加 30％，平均每年增加 10％做為基本增值目標。只要能達到這個目標，只要七到八年時間，資產（市值總額）就能增加一倍左右。不但可以遠遠勝過目前 1％左右的銀行定存利息，也是儲蓄型保險約 2％利息的好幾倍，更可以打敗非常多家投信公司所發行的多檔基金。

　　至於為何以三年為基準，主要有兩個原因。首先，我觀察發現，股市「平均每三年」會有一次較大跌幅調整，甚至每年都有可能發生殺融資大跌，出現融資戶被券商斷頭的現象。而這個時候，就是「財富重分配」的契機，到時候才是我們真正把「股市中傻瓜」的財富分配到我們口袋的大好時機。

　　另一個原因，就我的多年股市實際交易經驗，如果一開始就設定以每年增值做為目標，將會使得自己在操作上進退失據，很可能會為了想要盡可能達到 +10％，卻反而離它愈遠。

　　但這並不代表就不管每年的「市值總額」₃ 變化，我還是每隔一段時間就會計算一下，「市值總額」有沒有增加或減少，尤其是在每年初和年底我會做個市值總額變化的統計，當年度的操作是否增值？是否打敗大盤的漲幅？如果大盤下跌，我的市值總額的縮水幅度是否小於大盤跌幅？

多年下來，我經過每年這樣的檢視後，再修正和調整自己的操作與步伐，漸漸地讓自己的心態持穩，或許這也是後來轉變為以穩健增值做為目標的重要過程之一。我想，建立正確投資觀念後，達成資產穩健增值的目標，又會更近一些。所以，在投資的時候，切記「總額概念」這個觀念。

觀念三、
逆向思考，人棄我取、人要我給

「逆向思考、反市場操作」，許多投資人都耳熟能詳，但在當下執行起來卻又困難重重？說穿了，還是「人性」使然！就像本書開宗明義，說穿了「人性不曾改變」。

人們總是喜歡聽好聽的話，尤其在股票市場聽到好消息接連傳來，深怕賺不到錢就勇敢跳進去，甚至採取積極買進策略，結果正中市場主力所設下的圈套，隨即住進套房；當聽到壞消息股價往下跌時，開始擔心害怕甚至心理恐慌，不管三七二十一就匆

---

3. 市值總額＝股票市值＋手中可投入投資之現金。

忙殺出手中股票。

這不就是市場主力最擅長的坑殺散戶手法嗎？儘管你我只是一個再普通不過的投資散戶，但千萬別成為主力眼中的待宰羔羊。

如果我們能夠具備「逆向思考、人棄我取、人要我給」，反其道（市場）而行的正確判斷觀念，有一天你將會發現，投資報酬率很可能會相當可觀。

逆向思考賺更大

還記得民國 102 年知名導演齊柏林所拍攝《看見台灣》紀錄片，意外發現高雄某河川的污染源頭，可能來自全球最大 IC 封測公司日月光半導體公司（代號 2311 4），當時新聞炒得沸沸揚揚，日月光公司也因為輿論與各界壓力出面道歉並表示捐款。

當時日月光的股價變化，由 102 年 12 月 9 日那週，從 29 塊多開始爆出大量，下跌到 26.65 元，隔週持續下跌到 25.75 元才止跌。面對輿論緊追不捨，有些股市分析師更預言：日月光可能會「掛掉」！

好公司遇到倒楣事，常會創造出「股價低點」。果不其然，那段時間日月光股票賣壓特別大，以致爆出天量！但在當時恐慌

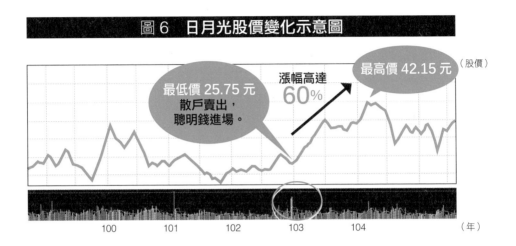

圖6　日月光股價變化示意圖

氣氛下，有些聰明錢（Smart Money）卻已經悄悄進場買進！

　　從當時的技術線圖可以發現，代表散戶的融資餘額一開始是因為股價下跌而增加，接連幾個月則是持續減少，而扮演聰明錢的外資，不但沒有受此紛紛擾擾影響賣出持股，反而逆向加碼買進，市場上的籌碼漸漸由害怕的散戶手中，流向以中長期投資為主的法人手上。

　　自103年6月30日至7月4日當週，日月光股價最高來到42.15元，半年多的時間，由最低價25.75元上漲至42.15元，漲

4.日月光（代號2311）與矽品（代號2325）以股份轉換方式結合，合組日月光控股（代號3711），雙方股票並於107年4月30日下市。

幅超過 60%，外資成為最大贏家，而散戶再次淪為輸家一族。

還有一個例子，民國 103 年 7 月 31 日發生的高雄氣爆案震驚全台，當時媒體、政論節目熱烈討論，直指源頭應是榮化 5（即李長榮化工，代號 1704）這家公司。

隨即連續數天，榮化的股價都以跌停板開出直到收盤。市場傳言，榮化未來必須負擔的龐大賠償金額恐是「天價」，恐有倒閉之虞。耳語不斷，也使得當時瀰漫恐慌氣氛。榮化的股價更從 7 月 31 日的收盤價 25 元，之後天天開盤就跌停板一價到底 6！

在經過此一事件，榮化的股價（如圖 7）跌至 12.15 元打底成功後，在 104 年 12 月 2 日時最高價反而來到 38.45 元。不到一年半時間，股價由 12.15 元漲到 38.45 元，漲幅超過 200%。

或許，我們無法精準到買在 12.15 元最低點、賣在 38.45 元，獲利達 200%，但如果能有「逆向思考、人棄我取、人要我給」反市場操作的簡單投資觀念，至少不會在恐慌消息充斥時，人云亦云下匆忙殺出手中持股，反而可能從 200% 的漲幅中，賺到其中的 20%、30%，或是更高的獲利。

這個簡單的觀念違反人性而行，知易行難。因此，我也經常提醒自己，更不厭其煩地告訴客戶，善用「逆向思考，反市場操作」

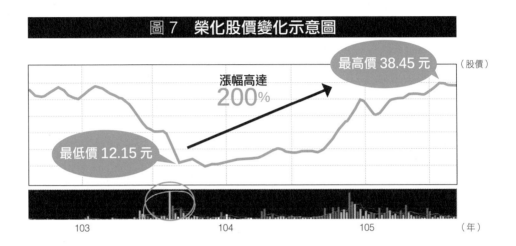

圖 7　榮化股價變化示意圖

的概念，或許可以提前達成每個不同階段的財務目標，更進一步
接近財務自由的終極目標。

5.108 年 1 月 30 日，外資 KKR 公司已收購榮化公司，價格為止 53.1 元。
6.「金融監督管理委員會」自 104 年 6 月 1 日起，將股價漲跌幅度由 7% 放寬為
　 10%。文中時間點仍為 7%。

05

天龍第五部：
把握輕鬆投資三個重點

「學會等待」，是證券投資學中成為贏家的重要一堂課！

重點一：心態要正確，不要借錢玩股票

　　投資的目的，就是為了獲利，能賺更多的錢。古人說：「君子愛財，取之有道。」同樣站在財務規劃立場，我當然贊成存錢投資，但市場上總不免會聽到，有人借錢試圖以小博大，以賺取更高利潤的案例。

　　我們「GOWIN 投資模式」鼓勵多少錢做多少事，強調以現股操作，不要借錢融資放大財務槓桿操作，當然也不要融券放空交易。

　　通常會想放空交易，是因為這檔股票股價上漲很多，認為它漲得不合理，應該會跌下來才對。股價就是「人為籌碼決定的結果」，上漲的時候，常常是「勢（力道）」很強，很可能會持續上漲，若再加上融券放空不服輸的人愈多，就更可能出現所謂的「軋空行情」，此時更容易助漲股價持續飆升！

　　不做融資，也不做融券放空交易，才能達成長期穩健增值的目標。

　　市場主力最厲害的招術，就是製造一種美好的上漲氛圍，讓投資人有種「不趕緊進場，就買不到股票、賺不到錢」的假象。

　　從事營業員工作多年，我發現這招對喜歡用融資買股票的投資人很有效，因為使用融資的人，之所以放大財務槓桿操作，幾乎都是想在「短期內」就能獲利賺到快錢，往往容易被一時的上漲行情所迷惑，非但無法「理性」正確判斷未來走勢，反而被貪婪的心理所綁架，對一時上漲的假象一再看好，沖昏了頭。

　　在證券公司使用融資買股票，目前只要四至五成自備款，也就是說手上有 100 萬元，可以再向券商借 150 萬元左右，合計買進 250 萬元左右的股票。相當於再放大 1.5 倍的槓桿操作，擴大槓桿膨脹投資，一旦股價走勢不如預期，價差加上得負擔的利息，每天被錢追著跑，怎能壓力不大？

> PS. 一般融資的年利率，各家券商雖有不同，但一般「非特殊客戶」，
> 　　大約在 6% 以上，至於是否偏高的問題，並非在此所要討論，也
> 　　不是你我散戶所能決定；即使是特殊客戶，有特別低的利率條件，
> 　　也不可能比房貸的利率更低。

　　若以融資買股投資，遇上主力在市場大量殺出股票，股價跌下來，導致你在股價價差和融資利息兩頭燒。接下來，會接到券商營業員的追繳電話，收到券商寄出的融資追繳令。

　　我曾見過客戶萬不得已把房子拿去銀行抵押，借錢出來追繳

股票，別說心理壓力過大，萬一最後連房子都賠上，才更是得不償失。

> PS. 縱然目前銀行房貸年利率 2% 左右，相對於股票一天 10% 的漲跌幅看似不高，但是如果股價往下跌時，不但賺不到股票錢，還得每月支付銀行利息，豈能不慎！

如果主力更狠的話，股價下跌的速度和幅度會來得又快又猛，市場形成「多殺多」，在各券商的追繳令萬箭齊發下，會出現券商「直接」替投資人「斷頭」，也就是手上沒錢追繳的人，不管你想不想賣掉股票，券商仍會直接在市場上幫你賣出，再歸還你所剩無幾的金額，這就跟大家聽過的「養、套、殺」手法，如出一轍。

其實，我剛進股市時所戰皆捷，也曾被連續的獲利沖昏頭，使用融資交易的結果也是慘賠收場！

回想面對高利息與心理壓力，我可不想再重來一次。而聰明的投資朋友，我們自己能做的決定，就是要不要使用融資方式買股來增加投資壓力，不是嗎？

重點二：要有方法，建立投資組合

入行以來，我對投資的熱情不減，因為我清楚唯有在專業上不斷精進，才能享受未來想過的生活，才有餘力幫助更多有投資理財需要的人。為此，只要是市面上投資相關書籍，我都會迫不急待研究一番。

不少書籍主打某作者的股票操作史，戰果多麼輝煌，靠獨門絕技選出某檔飆股，哪一支股票 40 元買進、120 元賣出賺了 200 %；哪一支股票 80 元買進 100 張、而賣在 360 元賺了 350 %；甚至還有買了 800 元的大立光、賣在 3000 多元；250 元買進宏達電、在 1000 元以上出清手中持股，再加碼放空多少張，跌到百元以下才回補……等，這些人靠單一個股致富「拚孤支」的豐功偉業故事，透過書籍、媒體，傳得沸沸揚揚。

難道事實真是如此，股市的錢真的都被這些人賺走了？

我們理性地思考一下，這些投資達人的成功故事，與市場中部分素行不良、風評欠佳的投顧老師「秀出線型圖，看圖編故事，說他的會員在每波的低價時買進，高價時出清持股」、「誇大、過分簡單的獲利方式」……其實並沒什麼兩樣，否則為何還要出

書或上電視炒高知名度，甚至抬高身價後，藉由賣操盤軟體、開投資課程……等，以達到賺錢目的。

我看過太多客戶把全部心血孤注一擲，包括我自己在內，都曾經吃過「扴孤支」的苦頭。單戀一枝花的結果，經常會陷入進退兩難處境，同時也失去其他標的進場良機。

這些慘痛的失敗經驗教我的是，在具有相當壓力的情況下做投資，結局通常都不會盡如人意！最後資產能夠真正成功增值者少之又少，唯有以「投資組合」方式才能真正有效地分散風險與減輕壓力。

大家都聽過，「雞蛋不要放在同一個籃子裡」，這個道理在股票投資同樣適用，但有一種例外，就是如果手上的雞蛋只有一兩顆，那就不需要分散多處。唯有建立投資組合，降低投資風險後，才能輕鬆創造資產穩健增值，這才是王道！

重點三：重資金配置，
規劃適當的持股現金比

對理財規劃有概念或比較了解的人應該都清楚，理財規劃的

成功與否，常常取決於是否做好「資產配置」，同樣的道理，在投資股票的時候，如果想要達到長期穩健的增值，做好資金配置，適當的持股現金比重格外重要。

我看過有些客戶總是把所有的資金押在股票，甚或使用融資，萬一股票市場發生變化，所有資金將化為灰燼。

把投資變輕鬆的方法，再複習一次上述所說的：

首先，改變心態，不再以短線投機獲利為訴求，轉為以「自有資金、長期投資」之心態進行股票投資。

只有在自有資金沒有額外利息負擔及心理壓力下，不必過於關注股價短期間的上下起伏波動，便能不影響日常生活，享受投資樂趣。輕鬆投資，便能有更多時間專注於工作、家庭，或加強自身的專業能力，進而提高薪資，把多出來的薪水繼續投入市場，享受長期投資的資產增值效果。

其次，建立投資組合取代單押一支股票的作法。孤注一擲的高報酬往往伴隨著高風險，像是賭博，而非投資；但是建立投資組合雖然無法在短期間內創造出高報酬，卻可以讓我們以輕鬆心情面對投資這件事，在風險分散和降低壓力下穩健獲利，才是長久之計。

　　最後，就是「適當的持股現金比」。切記！股市是活的。影響股市的黑天鵝一直都存在著，既然我們無法預知何時會出現，又該做怎樣的調整（增減持股）才算是「適當」的持股現金比重？這個部分我會在後面章節加以說明，分享個人參考哪幾項因子來判斷增減持股，以達到所謂的適當持股比重。

　　我想，做好此輕鬆投資三要素，已為資產穩健增值跨出成功一大步。接下來，我們準備進入實戰操作篇的第六部，也是大家最關心的實際操作、如何選股和什麼是「適當的持股現金比」！

　　在這之前，記得「溫故知新」前面的天龍第一至五部，在未來的投資道路更能事半功倍，這些基本功知易行難，卻是甚為重要的投資觀念。不管是做為投資先修，或是日後在投資過程中遇到狀況，都可以回頭再看一次，肯定會有不同的啟發。

融券放空的代價

多年前，曾有一位好朋友邀我吃飯，希望透過我的投資專業，在飯局上開導一位在股票市場投資失利的老朋友。

原來這位投資人是位公務員，進入股票市場沒幾年，就因為聽信某投顧老師說要融券放空一檔股票，聽到有許多會員朋友都跟著操作。他心想，自己比別人放空時的價位已經高出許多，就決定跟著放空，想小賺一些零用錢。

他剛開始放空時只有兩、三張而已，可是看著股價漲上去就再放空，再漲上去就更不甘心再加碼放空，就這樣越漲上去愈空愈多張，從 80 幾元開始融券一路空到 100 多元，總共大概放空了 100 張左右。

過程中被漲上去的股價搞得七葷八素，一直被券商追繳保證金，原本是跟親友這邊調一點，那邊調一些，東調西調，還把房子拿去跟銀行貸款來繳保證金及加碼放空。（PS. 本來的盤算是幾年後退休，將有一筆退休金可領，才敢出此下策。）

每天擔心隔日股價再繼續上漲，吃不下也睡不著，後來終於

調不到錢了，加上周遭親友的「關心壓力」下極度痛苦，最後沒辦法只好認賠回補，他保守的說，最後損失大概 600 多萬元。後來，我才知道他放空的是「佳必琪」（代號 6197）這支股票，那波股價最高漲到 175 元，他就回補在 150 ～ 170 元間。

因為在投資上受傷慘重，也歷經夫妻失和，還曾經有輕生的念頭，身心壓力不難想像，整個人的氣色看起來相當不好。當時我除了分享個人「股市失敗經驗」，也告訴他，在股市中看過更多賠得比他慘的人，從幾百萬賺到上億元身價，但是到了 60 幾歲時又在股市輸掉好幾億資金；賣掉華廈換住中古公寓；賣掉賓士進口車改以公車代步……。

一開始只想小賺一些零用錢，但由於不熟悉股市多空變化，結果卻是全盤皆輸。我勸對方看開一點，並且以聖嚴法師曾說過的 12 字箴言，「面對它、接受它、處理它、放下它」送給他。

在股票市場賠錢，可以失望但絕對不能絕望「改變，永遠不嫌遲」！股市一直都存在，只要願意調整錯誤的心態，仍然有機會成為股市最後的贏家。人生誰不曾處於逆境？總可以找到方法化險為夷，一步步漸入佳境。

名嘴、老師、親友報明牌，
到底我該相信誰？

除了不要單押一支股票，該買哪支股票，也是最多投資人或客戶常問我的問題？在討論之前，我想到一則轟動一時的新聞，大家還記得「衛生紙之亂」嗎？因為衛生紙的「漲價」問題，不僅到處搶購一空，甚至登上了國際媒體，更有許多名嘴在媒體上討論得天花亂墜。

想想，衛生紙漲價衍生的問題真有那麼嚴重？這讓我有感而發，聯想到股票市場中，在你我身邊總有些「講股票的人」，該信嗎？這些人大致可分為以下幾類：

第一類是「完全不懂股票的人」：這類人講的任何好消息，還會特別交代、一再強調千萬不要跟其他人說。這種所謂「明牌、內線消息」，可是完全沒有參考的價值，因為他根本不懂股票，如何讓人信服。

第二類是「似懂非懂或不懂裝懂的人」：這類朋友常聽到或看到某個「訊息」就長篇大論分享利多，叫你趕快去買某檔股票

一定會賺錢。這種也千萬不可相信，似是而非又沒有依據的消息，一定要求證。

第三類就是「懂股票卻始終累積不到一定財富的人」：雖然他講起股票頭頭是道，很有邏輯性也有幾分道理，但自己卻始終累積不到財富，這不正代表他在交易操作上一定還有盲點必須改進？所以這類人的話僅供參考，不要照單全收，交易之前必須慎思明辨。

第四類是「收取高昂費用的人」：最多是自稱「老師」的人，是市場上賺（你）錢的「高手」，他們最擅長「看圖說故事」，把電腦軟體打開秀出走勢圖，說靠什麼幾條線、技術指標、價量分析……等操作就能成為股市贏家。從理性的角度來看，如果這些電腦軟體或方法有效，那這些「老師」何須賣軟體和開課程收取昂貴費用？應該早就在股市賺飽飽出場了。

當然也不能因此就一竿子打翻一船人，市場或電視媒體上也有一些較為正派的投顧老師及分析師，他們就像是我們的研究員，幫我們收集各種相關資訊，可以做為個人的投資參考。

股票市場中想要賺你錢的人很多，除了上述「老師」們，在投資買賣過程中，「市場主力」也想賺我們散戶的錢（PS.當然我

們散戶也想賺「主力」的錢），都想把我們辛苦賺來的錢放進他們口袋。

　　記住，對自己的投資盈虧負全責，你少掉的錢沒有人會補給你，不要輕易相信任何「專業人士」的「必勝絕招」，以免賠了錢又花錢浪費時間上課。

　　所以，「相信自己，最好！」投資理財沒有一夕致富的捷徑，按部就班一步一步努力鑽研，加上有一套長期穩健可以依循的股票投資模式，再經過日積月累的實戰操作經驗，增進投資功力逐步往財務自由目標靠近。

Chapter

3

GOWIN投資模式
實戰篇

01

天龍第六部：
建立GOWIN投資組合

贏家，投資前會先考慮到賠錢（股價下跌）之風險；
輸家，先想到的通常都是賺錢（股價狂飆）的快感。

想要成為股市贏家，在進入股市之前，除了先打好「天龍五部」的基礎，擁有正確的投資心態，了解成為一個穩健投資人的重要性，接下來，我們便可以進入實際操作篇。

在股市投資的實際操作部分，可以三個主題來分述，首先是天龍第六部，也是讀者最期待的 GOWIN 投資組合部分，我會在此一一詳述我的分配比重與選股等標準。

建立適合自己的「投資組合」，加上天龍第七部的「適當持股現金比重」，才能創造長期穩健報酬。當然，還有很多實際投資時會遇上的問題與個人操作的眉角，也將在天龍第八部分享，希望能帶領讀者共同達到資產穩健增值的目標。

GOWIN 投資組合是以「長期投資」＋「波段操作」兩大類為主軸。

所謂的「長期投資」，是以長線保護短線為原則。先前曾經提到的買賣股票直接獲利方法中的「買低賣高」、「參加配股配息」均屬於長期投資的核心持股所使用的方法，這裡所謂的長期投資，並非一般存股方式只買不賣，仍會配合「適當持股現金比」增減持股來回操作創造報酬，我稱之為「理財性投資標的」，屬於「核心持股」。至於另一類「波段操作」的獲利原則，則是偏重於「買

高賣更高」獲利方法的衛星持股，我稱之為「投資性投資標的」。

「GOWIN 投資模式」是以整體資產長期穩健增值為目標，「理財性投資標的」具相對穩健之特性、投資風險低、靈活度也較低；「投資性投資標的」相對靈活度高，可創造出較高之年化報酬以及投資樂趣（須做功課，注意技術面、籌碼面……等變化），但投資風險相對高些。

> PS. 在研判走勢時，雖然我是以長期投資和波段操作為主的投資者，也經常會轉換個角色來看待盤勢或是個股變化，想像自己若是「主力」會如何「布局」，才能把別人的財富分配到我的口袋裡。對股票投資具有濃厚興趣的人，或許也可以試試這種另類思考模式，透過「轉換角色」來提升股票看盤和操作功力。

至於這兩者的比重，我個人實務操作建立持股部位上，是以「理財性投資標的」（核心持股）佔七成，「投資性投資標的」（衛星持股）則是三成左右，積極者或是資深投資者當然也可以六四比或五五比，每個人不盡相同。

我一向認為，「股市是活的」，經常一夕轉變，如果把資金全部押在較為安全穩健的「理財性投資標的」，整體操作的靈活度會偏低，有時候難以因應突如其來的盤勢變化；但如果把大部

圖 1　投資組合操作比較

理財性（核心持股）	投資標的	投資性（衛星持股）
長期保護短線	操作方式	波段操作
靈活度較低	特性	靈活度相對高
較低	投資風險	相對高
保守投資人、股市新手、銀髮族可調高比重	建議對象	積極者、資深投資人，與風險承受度較高者

分資金都集中在「投資性投資標的」，風險則偏高，相對來說穩健度會過低，所以我用「7：3」比例配置，更具「進可攻、退可守」的優勢。

　　長期操作下來，我覺得對整體盤勢變化的因應能力提高許多，當然7：3的比例並非一成不變，隨著各種不同盤勢、指數位階，再視情況適時做一些調整。

　　另外，投資人類型不同，也可微調。例如屬於極為保守的投資人、股市新手、銀髮族，可以再增加「理財性投資標的」比重，提高投資穩健度；若投資屬性較為積極者、資深投資人或希望獲

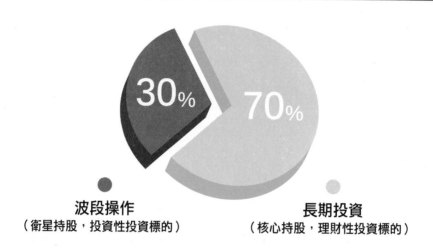

圖2　投資比重（％）

波段操作
（衛星持股，投資性投資標的）

長期投資
（核心持股，理財性投資標的）

取較高報酬且對風險承受度較高者，在行情熱絡往上漲時，則可以增加「投資性投資標的」比重，以創造更高之年化報酬。

　　接下來，我們分別來說明一下「理財性投資標的（核心持股）」及「投資性投資標的（衛星持股），兩者各有什麼不同的選股原則、作法和操作策略。

一、長期投資（理財性投資）》
選股重點與原則

理財性投資標的（核心持股）選股重點主要有下列四項：

重點一、長線保護短線為原則；

重點二、可長抱三年之心理準備；

重點三、正派、信譽良好、社會風評佳的公司；

重點四、自己比較熟悉的公司；

以上這些選股重點，我們在前文都已經討論，此處不再贅述。

選股原則部分同樣可以分為四項：

原則一、以基本面為主要考量，有下列三個公司獲利指標可做為參考。

首先是每季稅後每股盈餘，即每季 EPS（Earnings Per Share）是否成長、穩定，或是轉虧為盈。

EPS，又稱為每股收益或每股盈利，也就是每 1 股賺多少錢？可想而知和公司的股價會有一定的關連性，也是公司現有股東與潛在投資人衡量公司獲利的關鍵要素之一。算法是：

每股盈餘（EPS）＝本期稅後淨利÷普通股在外流通股數

第二是每季營益率，也就是本業獲利能力，是否成長、穩定，或是由負轉正？營益率高，代表的是企業獲利能力強；相對營益率越低，表示企業獲利能力較低；若為負值，就代表企業本業營運處於虧損狀態。營益率的計算公式是：

營益率＝營業利益÷營業收入×百分比

（上述營業利益＝企業的營業毛利－營業費用）

第三是股東權益報酬率（Return On Equity，縮寫 ROE）是否為正數且成長或穩定？股東權益報酬率是衡量相對於股東權益的投資回報之指標，反映公司利用資產淨值產生純利的能力。

股東權益報酬率（ROE）＝稅後盈餘÷股東權益

想要查詢以上公司資訊的讀者，可以直接至財經相關網站查詢即可。

原則二、搭配簡易的技術面籌碼面變化做為輔助。

搭配簡易的技術面與籌碼面變化輔助。技術面是指月 KD 指標從 80 以上剛開始交叉往下。

至於籌碼面的價量變化，以日成交量超過股本十分之一為基

準。舉例來說：一家股本 30 億元的公司，股票面額 10 元，以每張 1000 股來計，總張數相當於有 30 萬張，若是某日成交量超過 3 萬張，就是超過股本的十分之一，表示籌碼有大幅流動現象。如果再配合股價在高基期位置，則可能出現主力出貨情形，不可不慎；另外，還有融資餘額近期大幅增加、外資法人陸續減碼且減碼幅度大……等，有諸如此類現象的個股，我個人可是敬而遠之。

原則三、同類股、同性質股或同價位股做比較

以金融股中的「玉山金」為例，若我想布局此股，我會先找同類金融股中，股價波動幅度及獲利能力較為接近的「兆豐金」及「第一金」做比較，分析三家的獲利情況、歷年來的配股配息、分析各家的成長引擎是何項業務、未來成長動能是否能持續……再看價位進行最後的評估及決定。

同性質股的意思是，在股票市場中常會把某些產業股票歸為同一族群，像是仁寶（代號 2324）、英業達（代號 2356）、緯創（代號 3231）可以列為筆記型電腦代工族群；穩懋（代號 3105）、全新（代號 2455）、宏捷科（代號 8086）同屬於砷化鎵（PA）族群做比較；友達（代號 2409）、群創（代號 3481）同為面板大廠做一比較。

至於同價位股做比較，是以價位差不多的不同標的來進行比較，例如華新麗華集團的「華新」（代號 1605）、中保集團的「國產」（代號 2504）、永豐餘集團的「永豐餘」（代號 1907），105 年 3 月這三家不同集團公司的股價大約在 9 塊多、10 塊多，做一相互比較，選出其中較適合我們投資組合中的理財性投資標的，這就是所謂的以同價位股做比較，再選出較理想的標的。

原則四、每年皆有配股、配息最好

如果有一家公司能夠每年皆有股利分配給股東，代表這家公司股利政策相當穩定，具有一定的獲利能力和穩健的經營管理，相對產業的競爭力應該也不差。

透過每年的配股配息，如同「買賣股票獲利方法」章節的方法 3，可達到降低成本效果，尤其是每年皆有配股配息，可望逐年降低持股成本，對我們長期投資而言相對有利。

如果這家公司具備穩定獲利能力，那股價填權息機率更大幅增加許多。這類股屬於以長期投資為主，理財性投資標的中相當理想的選股標的。

長期投資》選股標的一：金融股

「金融股」現階段的價位，可做為偏重長期投資穩健報酬者的第一首選。

根據我長期觀察，金融股有下列幾個優點：每年獲利穩定；每年配股配息穩定；股價位階處於低基期；目前股價不高（屬於低股價），進可攻退可守；主管機關促打亞洲盃，金融機構似有家數過多現象，未來具「合併題材」，有利股價向上。

因為金融股的股性不易大漲大跌，有時候要三、五年，或是更久的時間才會大漲一次（這裡所謂的大漲，是指在短期間上漲超過 50% 以上），不像有一些股票之股性暴漲暴跌，想在操作上獲取穩定報酬極不容易。所以，適合利用其（**「連續急漲時，從容分批賣出持股；連續急跌時我們分批買回股票，來回操作賺到價差」**。若再加上每年穩定的配股配息，就可創造出每年的穩健報酬。

或許讀者心中還是充滿疑問，但是看看我的實際操作案例，應該會從半信半疑逐漸轉變為更有信心。

【案例說明】

　　先舉一個例子，是以小資族為主要對象。當初我與友人在媒體邀約下，根據〈月薪三萬如何存到第一桶金〉主題，我提出以「玉山金」做為核心存股標的，以 19 元左右價位開始投入，長期投資持有應有機會達成目標。

　　先簡單用「買進一張」來說明，在 103 年 6 月時，以 19 元買進一張共計 19,000 元（手續費暫不計算），共經過三次配股配息，我們來計算一下，至 105 年 9 月 30 日收盤價 17.85 元的年平均報酬率：

　　下表是每一張股票分別在 103 年、104 年、105 年可配到的現金股息和股票股利：

年度	現金股息	股票股利	持股數 *
103 年	280 元	89 股	1089
104 年	430 元	87 股	1183
105 年	430 元	100 股	1301

* 持股數為 1000 股（1 張）

103 年第一次領到 280 元現金股息及 89 股的股票〔1,000 股 × （1+ $\frac{89}{1000}$）股＝ 1089 股〕持股合計 1,089 股。104 年再參加除權除息，可領到 468 元現金股息（1.089 張 ×430 元）及 94 股（1,089 股 × $\frac{87}{1000}$＝ 94 股）合計後變成 1,183 股。

這筆錢到了 105 年再參加除權除息，我們可領到 508 元現金股息（1.183 張 ×430 元）及 118 股（1,183× $\frac{100}{1000}$＝ 118 股）合計後變成 1,301 股。

至 105 年，三次現金股息（280 ＋ 468 ＋ 508）合計 1,256 元，而 103 年所購買一張「玉山金」現值＝ 1,301 股 ×17.85 元 +1,256 元（現金股息）＝ 24,478 元

年平均報酬率＝獲利率÷投資期間＝
〔(24,478－19,000)÷19,000〕×100%÷2.25年＝12.81%

在穩定的股息股利與一定時間的累積後，單一張股票就能發揮如此報酬率，若是把領到的現金股息再投入買零股，以及採取「連續急漲時，高先出低補回」操作，整體報酬率可以再拉高。所以，聰明的你是否也看出，金融股穩穩賺的潛力。

案例二：

　　以我個人長年核心持股的「玉山金」為例。在 104 年 9 月 25 日至 12 月 28 日期間，玉山金的股價有較大之變動。

　　當時我在 104 年 10 月 06 日至 12 月 17 日大約兩個半月時間，利用在「連續急漲時，開始分批賣出；在急跌拉回後，分批回補」，買進、賣出張數（加總累計）各 125 張，扣除掉手續費和證券交易稅後的獲利金額計算如下：

　　（2,468,801 － 2,430,518）＝ 38,283 元

　　投資報酬率＝（38,283÷2,430,518）×100%＝ 1.57%

　　看到上列數字，也許你會覺得投資報酬率差強人意，才 +1.57%，其實兩個半月賺 1.57%，若換算成年化報酬率並不差。

　　這樣「高出低進或是低進高出」的機會，在一年中平均會有兩次或是更多，如果我們把長期投資配股配息後的平均每年的報酬率（下一篇會介紹到），加上「高先出低補回或是低先進高再出」的投資報酬率，兩者相加整體報酬率可超過 10%，是我本身執行多年的經驗。

> PS. 讀者可自行使用券商的免費看盤軟體，查詢該期間玉山金的走勢變化。

操作祕技 Tips！

操作的過程中，很重要的一個觀察重點是，我會注意每天收盤後的「買超、賣超券商進出表」，因為每檔股票都會有所謂的控盤「主力」和其主要的「進出券商」，花點時間和心思即可觀察出其動向，這點並非很難，只是必須持之以恆拉長時間做記錄追蹤，就會找出其「眉角」。至於這些券商買賣進出資料，其實並不難取得，可從 Yahoo! 股市的個股進出表、各券商網站或其他財經網站得到相關資訊。

例如，在操作「玉山金」這檔股票時，就可以留意其關係券商玉山證券的每日買賣超情形，加以統計，與它「同方向」操作！當出現連續急漲時賣出，或連續急跌現象時補回，在操作上要記得採「分批、連續、多天」方式，將可以提高「高出低回補、低先進高再出」的勝率，這也是我個人多年來操作，無往不利的獲利法寶之一。

當然，一開始也許還抓不到訣竅，只要經過幾次實際交易的修正和調整之後，也能慢慢提高獲勝率，更可以利用此技巧延伸到其他股票上。但務必記得，「不熟悉的股票不要碰」，才能降低失敗率。像我來回操作的金融股，也是以自己較為熟悉的幾檔

標的，經過一次又一次的實際操作，日子久了，就會更加順手而且穩紮穩打。

長期投資》選股標的二：產業龍頭股

所謂的「產業龍頭股」，是指在其產業上具有一定領導性與競爭力，公司體質佳，在景氣好時可以創造優於同業的獲利，即使景氣欠佳也較能度過景氣黑暗期，比較不會發生倒閉情形。這類股票對於長期穩健的投資人而言，也是重要標的之一。

我用一檔曾經買賣過的全球晶圓代工產業龍頭股「台積電」為例，即使不熟悉股市的一般人，也常在媒體聽到台積電的新聞，動向動見觀瞻，除了在全球的半導體地位不容撼動，每每股價漲跌也都能牽動大盤。

台積電營運屢創佳績，由於公司獲利穩健成長，帶動股價逐年攀升，從97年的69元左右，上漲到105年的190多元，至108年4月16日已來到257元，若能長期持有，善用時間複利，資產穩健增值可期。

【案例說明】

台積電股價走勢圖
（自民國96年至108年4月）

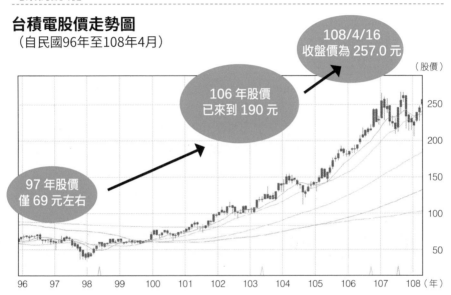

下頁 EXCEL 表是以 97 年金融海嘯之「最高價、最低價」買進台積電，持有至 108 年 3 月底的平均每年報酬率和年化報酬率。

如果是買在「最高價」，持股到 108 年 3 月底的年平均投報率是 28.67％及年化報酬率是 13.67％；如果是買在「最低價」，持股到 108 年 3 月底的年平均投報率是 64.92％及年化報酬率是 21.31％。

在追求長期穩健報酬的目標下，從下表的兩種報酬率可以看出，把資金投資在相對具有競爭力的產業龍頭股，長期來看可以有效達到穩健報酬目的。

在我多年的交易經驗觀察，產業龍頭股可以做為「理財性投資標的」GOWIN 投資組合標的之一。

台積電(2330)

當年配發股利	現金	股票		最高價-H	最低價-L	累計持股-H	累計股息-H	累計持股-L	累計股息-L
2008年	3.0300	0.0500	2008年	69.8	36.4	1.005000	3.030000		
2009年	3.0000	0.0500	2009年			1.010025	6.045000	1.005000	3.000000
2010年	3.0000	0.0000	2010年			1.010025	9.075075	1.005000	6.015000
2011年	3.0000	0.0000	2011年			1.010025	12.105150	1.005000	9.030000
2012年	3.0000	0.0000	2012年			1.010025	15.135225	1.005000	12.045000
2013年	3.0000	0.0000	2013年			1.010025	18.165300	1.005000	15.060000
2014年	3.0000	0.0000	2014年			1.010025	21.195375	1.005000	18.075000
2015年	4.5000	0.0000	2015年			1.010025	25.740488	1.005000	22.597500
2016年	6.0000	0.0000	2016年			1.010025	31.800638	1.005000	28.627500
2017年	7.0000	0.0000	2017年			1.010025	38.870813	1.005000	35.662500
2018年	8.0000	0.0000	2018年			1.010025	46.951013	1.005000	43.702500
2019年			2019年						
2020年			2020年						

H			L	
持有年度	11.25		持有年度	10.75
累計持股-H	1.01		累計持股-L	1.01
累計股息-H	46.95		累計股息-L	43.70
目前股價	245.50		目前股價	245.50
市值	294.91		市值	290.43
累積報酬率	322.51%		累積報酬率	697.88%
平均報酬率	28.67%		平均報酬率	64.92%
年化報酬率	13.67%		年化報酬率	21.31%

長期投資》 選股標的三：老牌績優集團股

經濟景氣會有好壞循環，每波循環時間並非固定多久一次；同樣的，各類不同產業也會有景氣循環之現象。

如果一家公司經過「多次」產業景氣循環，還能存在於市場，表示在同業中具有一定產業定位，本身經營管理能力亦不差，若再加上具備創新能力及創造穩健獲利，就算再次遭遇景氣循環低潮期，相對關廠倒閉之風險也會較同業低。

如果我們能利用其產業景氣不佳，獲利衰退甚至發生虧損時，反映在股價上，處於相對的「低檔盤底期」，進而利用其低檔盤底期間分批慢慢布局，勝算並不低，儘管我們無法預知景氣何時會開始翻揚向上。

不過，我們是以自有資金和長期投資的角度切入，一旦該產業景氣或公司本身獲利開始出現回升，未來的股價漲升將具相當動能，若這時才選擇開始布局，成本也會提高些（PS. 股價經常具有領先性）。

以我長年的觀察，從「低檔盤底期」慢慢分批承接到獲利了結，可創造出不錯的投資報酬率。不過，布局此類型股票必須耐心以待。

【案例說明】

宏碁股價走勢圖
（自民國104年至105年6月）

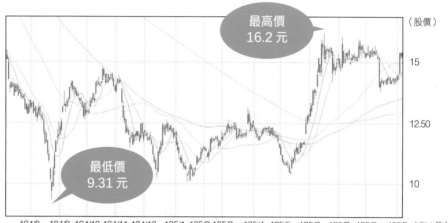

宏碁電腦（代號2353）由創辦人施振榮，與幾位好友於1976年所成立，是台灣資訊業中自創品牌與國際化的先驅。整體而言，個人電腦業也曾風光一時，但在加入者眾競爭下，近幾年逐漸轉型到雲端、醫療、VR……等各領域。

宏碁的股價曾在104年8月底時跌到10元以下，但因為經營正派且以永續經營為宗旨，在轉型上逐漸有些成效，公司獲利也由前幾年的虧損狀況漸有改善，開始出現小幅獲利，反映在股價

上，105 年 6 月 16 日曾來到 16.2 元，並且配發股息。

我們來簡單計算一下，從 10 元不到上漲到 16.2 元再加上配息，投資報酬率超過 60％，時間不超過一年，如果是在 12 元附近分批進場往下布局，15 元左右賣出，換算成投資報酬率也有 25％。

$$投資報酬率 =（賣出價 - 買入價）÷ 買入價 \times 100\%$$
$$=（15 - 12）÷ 12 \times 100\% = 25\%$$

類似宏碁這種屬於「老牌績優集團股」，股價仍處在「低檔盤底期」的其他低價集團股，市場上仍有不少，是符合我們理財性投資標的之公司，可列入我們的投資組合中。

另外，還有台塑集團、東元集團、光寶集團、統一集團，永豐餘集團、華新集團、台玻集團、宏碁集團、廣達集團……等集團股中的低價或轉機股，是可以多加留意的標的。

切記，仍要堅守不熟悉的不碰原則，要以自己熟悉的公司為投資組合標的。

操作祕技 Tips！

通常我會以集團股中的「低價股」及「業績轉機股」為留意標的，例如：

集團	子公司
鴻海集團	廣宇、台揚、正達、建漢、鴻準……
明基友達集團	友達、佳世達、明基材……
聯華神通集團	神達、神基、華孚、聯華……
裕隆集團	裕隆、中華車、華晶科、嘉裕……
亞東集團	遠東新、亞泥、遠百、裕民……
金仁寶集團	仁寶、金寶、康舒……

備註：集團股相關資訊可利用各財經網站取得。

長期投資》選股標的四：低價股

低價股，顧名思義是股價相對低的股票。但到底多少錢才算是價位相對較低？每個人的認知與定義或許有些不同，我自己則是以整體市場的股價變化來調整。

原則上我是把 30 元以下的股票稱之為「低價股」，但也有例

外的情形，假使未來台股市場行情大好，市場上低於 30 元的公司
比重愈來愈低（可以選擇的標的變得太少）的時候，我也會放寬
到 50 元以下。

簡單來說，我所認為的「低價股」，仍視整體市場變化，調
整其價格高低。

在我的實際交易經驗中，投資低價股有個好處，畢竟我們是
採取分批承接方式，價位較低則相對買進的成本也會較少，可以
慢慢布局欲買進的部位，達到降低平均成本的好處。不至於像是
買進較高價位的股票，如果資金不夠多，買兩、三次就沒錢，即
使看好該公司，在沒有多餘資金往下逢低承接的情形下，便難以
達到降低平均成本目的。

當然，價位會相對較低，大部分都是處在該公司的業績衰退
期，或是獲利欠佳，甚至發生虧損，嚴重的話，也可能是未來「地
雷股」名單之一。

所以，在把低價股這類標的列入投資組合時，選股必須更為
嚴謹些，而不是看到價位低的股票，在沒有相對比較或完全不了
解的狀況下，就一味投入！最好仍是以「績優集團相關公司」為
投資標的，相較會安全些。

另外，我們是以長期投資績效衡量，低價股的長期投資報酬率，不見得會輸給高價股。通常低價股的股價位階較低，基期相對也低，就實戰經驗來看是比較具有「抗跌性」。高價股反而在漲多後，常常會由於基期相對高，有時候一拉回整理，幅度往往都相當大，如同「物極必反」的道理。

像是我們已經提過的宏達電（見下頁圖），就是從 1300 元一路下跌，直到 30.05 元才打出底部；還有股王大立光（見下頁圖）從 6075 元下來，整理到 2875 元才止跌反彈⋯⋯，高價股跌幅之大的股票，實在不勝枚舉。

低價股由於價位已低，相較於高價股，較具保護機制。我想，從絕對下跌的價差金額來分析，高價股應該不是你我這類投資散戶心理可以輕鬆負擔承受得起。

【案例說明】

「友達」這檔股票我已操作過多年，對它的股性也已經有相當了解。

當時是 104 年 6 月時，友達股價來到 15 元附近，我便加碼往下分批布局。7 月時，剛好有客戶問我最近買什麼股票？我提到，

宏達電股價走勢圖
（自民國100年至108年3月）

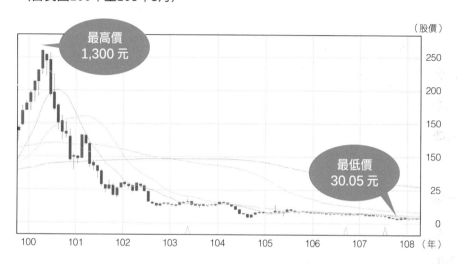

大立光股價走勢圖
（自民國106年8月至108年3月）

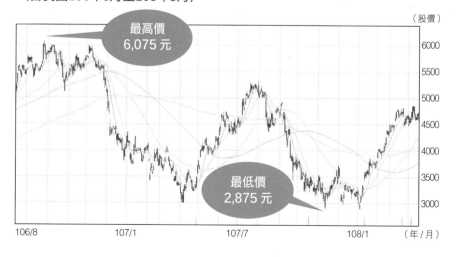

手中有「一些金融股、友達、還有其他幾檔」股票，最後她決定也要買進「友達」。

隨即一波股災，大盤指數在 8 月底跌到 7203 點，友達的股價也下跌到 8.29 元。客戶開始動搖，加上媒體報導面板市況不佳還有身邊同事的耳語建議，說是長期投資「佳格」（代號 1227），每年可以賺到穩定的現金股息和股票股利。年底左右，還對我說，早知道就投資佳格。

面對客戶的情緒，我除了安撫，也理性分析，投資友達是以長期投資加上波段操作為主，不是想在短時間內賺得快錢，而且友達除了低價股的優勢外，在其他轉投資方面與未來的市場性仍可期。我也告知客戶，在 9 元以下還是會陸續分批買進。

隔年（105 年）3 月，佳格漲到 84.5 元，友達只漲到 10.35 元，當時看起來還是「佳格」比「友達」略勝一籌。畢竟我是用長期投資的心態買進布局，因此，我仍耐心的續抱。

直到 105 年 8 月，佳格最高來到 84.7 元（只比 3 月時多出 0.2 元），友達已經上漲到 13.75 元。我在這一波分批出清獲利了結；而這位客戶看著友達漲上來後，滿心歡喜地出掉一部分持股，卻也捨不得出掉所有手中的持股，因為又變成「好時更看好」這種

投資盲點。人性啊，人性！

107 年 10 月 24 日時，重新看我寫在部落格中「80 元的佳格 VS.10 元的友達」這個案例，再次檢視兩者的股價變化。「友達」股價約 11 塊多、「佳格」股價為 45 元左右。我們來分析一下兩種不同狀況的差別：

一、「未換股」：若當時沒有換股，持有佳格股票至今，市值縮水超過 30%（含股票股利 0.4 元和現金股息約 3.6 元）。

二、「有換股」：把佳格股票換成友達股票，友達的市值反而增加 30%（含現金股息 2.06 元）以上。持股市值的變化在一來一回相差超過六成！做了對的決定和做錯決定，這兩者差距很大。做了正確的判斷，不但錢會變多，還有一種難以言喻的「成就感」。

> PS. 投資時，在「低價」和「中高價」這兩者中會以「低價」為優先考量。

這也是我們「GOWIN 投資模式」一再強調的「沒有絕對、只有相對」的概念，絕對地擁有一檔股票「存股」到天荒地老，而不去跟市場上的「同類股、同性質股或是低基期股」做一「價位所處基期」、「相對比較」的話，有時候難免會陷入這種市值縮水的狀況。

　　記住，「股市是活的」，這次的對並不代表之後也一定是對，至於每次換股的「對與不對」需視市場「當時的變化」加以分析判斷，再交給市場用「未來時間」來驗證。

　　現在，我們用「EXCEL 投資檢核表」來看看股價已從 80 多元下跌到 45 元附近的「佳格」，是不是適合我們這種長期投資者慢慢布局呢？

　　這家績優的上市公司，它每年的獲利穩定，配息也穩定，從 97 年金融海嘯至今近 11 年來的配股配息大約在 0.9 元（金融海嘯年）到 5 元之間，每股 EPS 在 2.21 到 5.79 元之間，用我們的「EXCEL 投資檢核表」（見下圖）來計算一下未來的預期報酬率狀況（以 107 年 10 月 19 日收盤價為基礎，計算期間是採保守些計算至年底）：

　　45.2 元這個價位，如果以長期投資的角度切入，從預期的平均報酬率來看，隨著大盤現階段下修整裡（從 107 年初 11270 點，回檔到 9700 點以下），「分批慢慢往下承接，抱著以時間換取空間的心態」，日後收割應該值得期待。（編按：EXCEL 投資檢核表之製作見第 178 頁）

佳格 EXCEL 投資檢核三向表

	A	B	C	D	E	F	G	H	I	J
1	佳格(1227)									
2										
3	當年配發股利	現金	股票		最高價-H	最低價-L	累計持股-H	累計股息-H	累計持股-L	累計股息-L
4	2008年	0.9000	0.0000	2008年	37	14.7	1.000000	0.900000		
5	2009年	1.4000	0.0500	2009年			1.005000	2.300000	1.005000	1.400000
6	2010年	2.0000	1.5000	2010年			1.155750	4.310000	1.155750	3.410000
7	2011年	2.5000	2.5000	2011年			1.444688	7.199375	1.444688	6.299375
8	2012年	2.4000	2.4000	2012年			1.791413	10.666625	1.791413	9.766625
9	2013年	2.0000	1.5000	2013年			2.060124	14.249450	2.060124	13.349450
10	2014年	1.6000	0.9000	2014年			2.245536	17.545649	2.245536	16.645649
11	2015年	1.6000	1.0000	2015年			2.470089	21.138506	2.470089	20.238506
12	2016年	1.6000	1.1000	2016年			2.741799	25.090649	2.741799	24.190649
13	2017年	1.6000	0.4000	2017年			2.851471	29.477527	2.851471	28.577527
14	2018年	2.0000	0.0000	2018年			2.851471	35.180469	2.851471	34.280469
15	2019年			2019年						
16	2020年			2020年						
17		H				L				
18	持有年度	11			持有年度	10.5				
19	累計持股-H	2.85			累計持股-L	2.85				
20	累計股息-H	35.18			累計股息-L	34.28				
21	目前股價	45.20			目前股價	45.20				
22	市值	164.07			市值	163.17				
23	累積報酬率	343.42%			累積報酬率	1009.98%				
24	平均報酬率	31.22%			平均報酬率	96.19%				
25	年化報酬率	14.50%			年化報酬率	25.76%				

	A	B	C	D	E	F	G	H	I	J
1	佳格(1227)									
2										
3	當年配發股利	現金	股票		最高價-H	最低價-L	累計持股-H	累計股息-H	累計持股-L	累計股息-L
4	2008年	0.9000	0.0000	2008年	45.2	45.2	1.000000	0.900000		
5	2009年	1.4000	0.0500	2009年			1.005000	2.300000	1.005000	1.400000
6	2010年	2.0000	1.5000	2010年			1.155750	4.310000	1.155750	3.410000
7	2011年	2.5000	2.5000	2011年			1.444688	7.199375	1.444688	6.299375
8	2012年	2.4000	2.4000	2012年			1.791413	10.666625	1.791413	9.766625
9	2013年	2.0000	1.5000	2013年			2.060124	14.249450	2.060124	13.349450
10	2014年	1.6000	0.9000	2014年			2.245536	17.545649	2.245536	16.645649
11	2015年	1.6000	1.0000	2015年			2.470089	21.138506	2.470089	20.238506
12	2016年	1.6000	1.1000	2016年			2.741799	25.090649	2.741799	24.190649
13	2017年	1.6000	0.4000	2017年			2.851471	29.477527	2.851471	28.577527
14	2018年	2.0000	0.0000	2018年			2.851471	35.180469	2.851471	34.280469
15	2019年			2019年						
16	2020年			2020年						
17		H				L				
18	持有年度	11			持有年度	10.5				
19	累計持股-H	2.85			累計持股-L	2.85				
20	累計股息-H	35.18			累計股息-L	34.28				
21	目前股價	45.20			目前股價	45.20				
22	市值	164.07			市值	163.17				
23	累積報酬率	262.98%			累積報酬率	260.99%				
24	平均報酬率	23.91%			平均報酬率	24.86%				
25	年化報酬率	12.43%			年化報酬率	13.00%				

	A	B	C	D	E	F	G	H	I	J
1	佳格(1227)									
2										
3	當年配發股利	現金	股票		最高價-H	最低價-L	累計持股	累計股息-H	累計持股-L	累計股息-L
4	2008年	0.9000	0.0000	2008年	45.2	45.2	1.000000	0.900000		
5	2009年	1.4000	0.0500	2009年			1.005000	2.300000	1.005000	1.400000
6	2010年	2.0000	1.5000	2010年			1.155750	4.310000	1.155750	3.410000
7	2011年	2.5000	2.5000	2011年			1.444688	7.199375	1.444688	6.299375
8	2012年	2.4000	1.5000	2012年			1.791413	10.666625	1.791413	9.766625
9	2013年	2.0000	1.5000	2013年			2.060124	14.249450	2.060124	13.349450
10	2014年	1.6000	0.9000	2014年			2.245536	17.545649	2.245536	16.645649
11	2015年	1.6000	1.0000	2015年			2.470089	21.138506	2.470089	20.238506
12	2016年	1.6000	1.1000	2016年			2.741799	25.090649	2.741799	24.190649
13	2017年	1.6000	0.4000	2017年			2.851471	29.477527	2.851471	28.577527
14	2018年	2.0000	0.0000	2018年			2.851471	35.180469	2.851471	34.280469
15	2019年			2019年						
16	2020年			2020年						
17	H					L				
18	持有年度	11			持有年度	10.5				
19	累計持股-H	2.85			累計持股-L	2.85				
20	累計股息-H	35.18			累計股息-L	34.28				
21	目前股價	14.70			目前股價	14.70				
22	市值	77.10			市值	76.20				
23	累積報酬率	70.57%			累積報酬率	68.58%				
24	平均報酬率	6.42%			平均報酬率	6.53%				
25	年化報酬率	4.97%			年化報酬率	5.10%				

長期投資》選股標的五：低基期股

全球景氣有好壞之循環，相對各種不同的產業也是如此，而反映在股價上的表現，就是會有高低價格之變化。相較於高價股可能面臨「物極必反」的風險，低價股與低基期股則有「否極泰來」的機會。

所謂的「低基期股」，是指和過去最高價或近幾年的高價相比之下，現在的價位相對於最高價，兩者價差相距甚遠，同樣的，

這裡所指是一個相對值，而非絕對。例如，台玻（代號 1802）最高價曾到 188 元（79 年時），而近年 100 年 6 月高價是 50.9 元。那麼 104 年底的 11、12 元的價位，不論是相對於昔日台玻所創下的個股最高價，或後來的高價，就算是「低基期股」。

像「金融股」族群中提到的，國泰金（前身國泰人壽）在 78 年 6 月時最高價是 1975 元，之前跌到 40 元不到的價位；開發金（代號 2883）股價最高來到 1075 元，也曾經不到 8 元；彰銀（代號 2801）、第一金（代號 2892）、華南金（代號 2880），當年也都有過千元身價，股價都曾 20 元不到，也都是處於低基期位階，也都算是「低基期股票」。

影響股價高低的因素相當多，股價處在低基期也有其原因，可能是產業競爭力轉弱、獲利衰退、營運虧損……等眾多原因。

在我的交易經驗研究分析，以長期投資角度來看，篩選出體質較佳的低基期股風險遠低於高基期股，而且低基期股的股價一旦開始上漲，往往會有一波不小幅度，換算成投資報酬率，其實相當可觀。

【案例說明】

微星股價走勢圖
（自民國101年至106年）

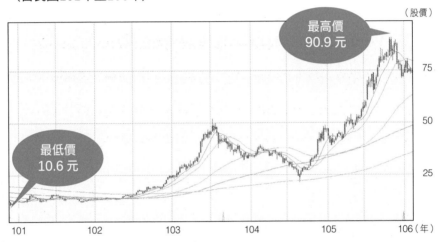

微星（代號 2377）原是一家主機板大廠，和華碩、技嘉等公司齊名，多年前主機板產業也曾相當風光，近年來，逐漸把營運重心轉型到電競產業。甚至根據報載，曾經也是電競筆電一哥。

我們來看看歷來股價變化，89 年 4 月時最高價曾來到 280 元，100 年到 103 年期間其股價大都在 20 元以下，100 年年底最低來到 10.6 元。

個人電腦 PC 產業過去以來一直處在殺戮戰，周邊相關產品之

競爭亦相當激烈，直接影響到公司的營運與獲利，當時業績呈現衰退狀況，甚至單季 EPS 是負的（即虧損），股價落在低檔區盤旋亦頗為合理。

微星在經過組織改造及產品調整後，逐漸在電競電腦市場打出口碑，不僅獲利逐步回升，股價也在 105 年 10 月份上升來到 90 元，投資報酬相當可觀。從眾多「低基期股」當中尋找出具有潛力的璞玉，趁股價較低時分批布局，耐心持有等待日後開花結果，勝率相當高。

操作祕技 Tips！

一般投資人總是「害怕」低檔時（低基期）分批布局，卻在好消息不斷的股價漲多後（相對高基期）勇敢追價。

以微星來說，漲至 90 元後位階並不算低，但每天的成交量仍有一、兩萬張，追高者眾，也難怪股市中有 90% 的投資人最終都以賠錢收場。只有「避免追高殺低」，才能成為股市最後贏家。因此，長期投資者更必須多一點耐心，從市場中的低基期股尋寶。

「好股價是用時間等出來的」，投資忌操之過急！與大家共勉之。

長期投資》選股標的六：低股價淨值比股

顧名思義，低股價淨值比股就是「目前的股價除以公司淨值，得到的數值小於1，甚至更低」。或許讀者好奇，「淨值」就像是一家公司清算後的價值，根據這個邏輯，理論上股價應該不至於低於淨值才對啊？

事實上，市場上有很多公司的股價低於其淨值，乍聽很奇怪，其實不然！影響股價高低的原因很多，可能造成股價低於淨值現象的諸多因素，例如公司股性差、獲利衰退或虧損、景氣循環仍處在探底期、產業前景不明……等等。

實戰股市多年來，我對此有另一種解讀：這或許是「市場主力」的炒作手法之一。因為這類股票被刻意壓低，長期間股價低於淨值不漲，一般投資人比較不願意耐心持有，籌碼將相對集中到「特定人」手中。

由於股價長期處在低於淨值狀況，一旦開始上漲，只要有一些利多新聞或營運轉佳訊息，便能促使市場偏好中短線投資人進場追價買進，股價便可能逐漸向上靠近淨值，甚至超過淨值，投資報酬率將相當可觀。

【案例說明】

　　國際面板大廠友達（代號2409），排名全球第五、六名，擁有許多的面板相關技術專利，亦致力於環保綠能改善等，在93年4月時獲利大好，股價曾來到79.5元，但面臨三星和LG兩家南韓大廠夾擊下，又在中國京東方、華星光電等公司陸續擴廠下，直接威脅台灣面板雙虎：友達、群創（代號3481），所以股價長期處在低於淨值之現象。

　　102年10月時，友達的股價在10.5元附近，102年Q3[1]淨值大約16.91元，而股價處於低檔打底期，在103年2月時股價為8.8元，102年Q4的淨值為17.07元，股價淨值比為0.52倍左右，而隨著獲利出現轉機下開始成長，在104年1月股價上漲來到19.15元（自103年2月的8.8元，只有一年左右時間，就來到19.15元，上漲幅度超過一倍）。

　　又當年度（104年）8月再次回到10.5元以下（股價領先業績轉盈為虧反映下跌），接著數個月股價都在低檔整理，最低又跌到8塊多，而104年Q2淨值是19.23元，股價淨值比才0.5倍

1.目前規定公司財報（其中含有淨值資訊）：Q1是 5/15前、Q2是 8/14前、Q3是 11/14前，年報是次年 3/31前須公布。

左右。

105 年 7 月股價又上漲到 13.2 元，若只用整數算，從 9 元到 13 元雖然只是 4 元，但換算成投資報酬率卻超過 4 成，而且成交量夠大，就算你買進的部位很多也出得掉，不會有流動性問題。

另外一隻老虎「群創」的狀況也大同小異，可以自己觀察留意，市場上「低股價淨值比」的公司還不少，可以努力從中尋寶，但原則上還是要以自己熟悉的績優集團股為選股標的。

操作祕技 Tips！

有時，我會從融資融券餘額的增減變化及成交量的變化，再配合股價走勢研判，採取分批賣出強的那一檔，再轉換為漲幅較落後的另一支。只要是對股票有操作經驗的投資人，經過幾次的細心觀察後，應該也可以看出其中的操作眉角。

以上述面板雙虎友達與群創為例，兩支股票的走勢大致上是同方向，但同時間點的漲幅卻不同步，因此，讓我多了一次提高報酬的機會。

我的操作方式是：這兩支股價經常是一支先漲到最高點，另一支會有落後性，之後一段時間才會漲到最高點。

　　這或許是主力的操作手法，利用兩支「相互掩護」拉抬，以順利完成「最後的出貨」；而我也會利用這種走勢特性，先操作較強的那一檔，之後賣出強的，再換落後的那一檔。

　　印象比較深的是有一次，我手中有些較低價位布局的友達，面板雙虎齊漲上來，但手中的友達領先走強，群創走勢落後，友達在 104 年 1 月時先出現波段高點 19.15 元，而群創大約在四個月後 104 年 5 月才來到波段高點 19.35 元，利用這種特性「換股操作方式」也是提高投資報酬的方法之一，雖然這個方法的風險並不高，卻較為費心費力些。

長期投資》選股標的七：業績成長股

　　業績成長股基本上可分成兩種類型：第一種是每年皆有穩定獲利，且逐年持續成長；第二種是虧損多年後，本業開始出現轉虧為盈。

　　就我個人的投資經驗，公司「獲利」能夠逐季或逐年成長，對股價的上漲動能具有舉足輕重的影響力，尤其是「本業」的獲利成長！

因為在公司的獲利項目中，有些業外收入是屬於一次性的收入，舉例來說，公司因為出售土地廠房使得當年度獲利大幅成長，但是土地廠房這次賣掉之後就沒有下一次了。

在股價的評估上，這些一次性的業外收入，便比本業業績成長的影響性相對薄弱許多。所以在投資研判上，「本業的成長」對股價而言，才較具有「轉機」。

像是紡織股股王儒鴻（代號 1476），在 97 年金融海嘯時，股價最低跌到 8 塊多（編按：股價通常會提前反映），然而前一年（96 年）的 EPS 是 2.01 元並不差，但是 97 年整年度 EPS 是 1.02 元，上半年獲利才 0.01 元，出現嚴重衰退！Q3 獲利開始出現成長訊號，獲利逐季成長往上，股價也是一路攀升，在 104 年 9 月時創下 549 元的歷史高價，它便是一檔本業成長促使其股價大幅成長很好的範例，不到 8 年時間從 8 塊多上漲到 549 元，投資報酬率高達數十倍。

我也曾經買過儒鴻這檔股票，在獲利 20% 時選擇出清，賺到價差，卻錯過了十倍速漲幅。相對於我一位相識多年的客戶，這樣的報酬率，只能說自己小鼻子、小眼睛。

這位客戶和我一樣，進場價位都在 40 元左右，不過他是高資

「理財性投資標的（核心持股）」檢查表
選股重點
☐ 1. 長線保護短線為原則。 ☐ 2. 可長抱三年之心理準備。 ☐ 3. 正派、信譽良好、社會風評佳的公司。 ☐ 4. 自己比較熟悉的公司。
選股重點
☐ 1. 基本面為主要考量： 　　每季 EPS（稅後每股盈餘）：成長、穩定，或是轉虧為盈 　　每季營益率（本業獲利能力）：成長、穩定，或是由負轉正 　　ROE（股東權益報酬率）：正數且成長或穩定 ☐ 2. 搭配簡易的技術面、籌碼面變化為輔助 ☐ 3. 同類股、同性質股或同價位股做比較 ☐ 4. 如果每年皆有配股配息最好
選股重點
☐ 1. 金融股 ☐ 2. 產業龍頭股 ☐ 3. 老牌績優集團股 ☐ 4. 低價股 ☐ 5. 低基期股 ☐ 6. 低股價淨值比股 ☐ 7. 業績成長股 ☐ 8.ETF
備註：以上同時符合愈多項愈佳

產族，子彈充足，就在 38 ～ 42 元間陸續買進 200 多張，參與現金增資後張數接近 300 張，最後都在 250 ～ 300 元價位賣出。

多年後，我和客戶聊起此事，我認為他可是大獲全勝，但他卻顯得有點「鬱卒」，「如果當初能熬到 500 元再（賣）出，資金可以再膨脹一倍，才算是大獲全勝」！

聽到這番話，我不禁有感而發，「董 A，別人在股票市場是賠到賣車賣房，您這支股票已經大賺好幾倍，可是把許多投信基金經理人的績效遠遠拋在腦後，已經很厲害了。」語畢，他才淡淡回，「也對啦！」

我想，他心底應該還是很難釋懷，覺得自己股票賣得太早，但那終究只是「事後諸葛」。

試想一下，有一檔股票從不到 40 元漲到 300 元，上漲幅度超過 600％，你要如何預測會再續漲到 500 多元，還是會拉回200 元或 150 元呢？

或許會有人說，電視上的股市名嘴，「股神級」的投顧老師便曾經「準確的」把線型圖攤開，接著畫出幾條線，說曾經在多少價位提醒大家進場，又在最高價附近提醒要出清持股……諸如此類的「神說法」，就我個人近 30 年的交易心得，只能用一句

話來表達佩服之意，「傑克，這真是太神奇了」！

　　從儒鴻股價走勢的例子，因為「業績不斷成長」促使股價也不斷上揚，當然我們很難再次複製，買到 10 元以下，一直抱到 400、500 元。

> P.S. 儒鴻的歷年獲利可透過財經網站查詢，EPS 從 97 年 1.02 元，98 年 1.95 元，99 年 3.83 元，一直成長到 103 年 11.51 元，104 年 15.99 元，「但必須留意，105 年前三季 EPS 只有 8.6 元，較 104 年出現衰退現象」。股價已從 549 元回跌至 320 元左右，是否會持續反映獲利衰退現象？仍宜謹慎些。

　　但從「業績成長股」尋找出未來長期投資的股票，做為投資組合中的理財性投資標的，是一個不錯的方向，如果這支股票屬於績優集團就更佳，可以多一層風險控管，畢竟目前上市上櫃家數已超過一千多家，我們很難完全清楚了解每一家的真正財務狀況，如果能兼具業績成長、又是正派經營之財團公司股票，就能多一層投資保障。

　　最後要再提醒一點，如果所留意的標的，其業績成長屬於「由虧轉盈（轉虧為盈）」，我也會以「績優集團」的相關公司做為考量重點，這樣在投資時，可多一層保護機制。

長期投資》選股標的八：ETF

近年來，「存股」蔚為風潮，其中有一派投資達人，廣推投資 ETF（Exchange Traded Funds，全名為「指數型證券投資信託基金」，或簡稱「指數型股票基金」）的存股術不遺餘力，市面上討論的文章與書籍眾多，因此許多讀者應該都不陌生。

在「GOWIN 投資模式」中，我一再強調「投資組合」的概念，不要單押一支股票，因此，對於某些人宣揚只針對 ETF 的投資操作就能達到財務自由的說法，是否有對獲利績效過於誇大，我想，讀者仍須特別留意。

所謂的 ETF，這是一種強調被動式管理、追求指數變化報酬率、在證券交易所掛牌提供投資人買賣的標的，其風險低於買進單一公司股票，賣出時的證交稅也比一般股票低。

例如，台灣 50（代號 0050）這檔 ETF，是以台灣上市公司中前 60 大權值股取其中 50 檔為主的一檔基金，相較於一般單一公司股票，倒閉風險相對很低（甚至不會），因此，投資人可避免誤觸地雷股，畢竟遇上惡意亂搞掏空之公司，最後倒閉下市變成壁紙，風險更大，這也是我把 ETF 也列為投資組合標的的

原因。

由於目前銀行定存利率低，愈來愈多的銀髮族、退休族，這些投資屬性風險承受度較低的保守投資人，僅要求投資報酬率高過一般銀行定存利息（目前大約1%左右），或高於目前儲蓄型保單利息（約2%）。

這些族群便應該以波動幅度較為穩定之標的，像是以權值股、高股息、金融股等為主的ETF，或是金融股，建立穩健報酬的投資組合，手上的老本無法承受手中股票萬一大賠之風險。不過風險較低，相對報酬率也可能較投資在以一般個股所建立的投資組合低，這是必須要有的認知。

站在長期資產穩健增值角度來看，市場上已經掛牌的美股、日股、陸股、港股、石油、黃金……等，或以國外為主或是其他商品的ETF，或仍在繼續規劃中未來可能出現的ETF產品，我的原則都是「盡量不碰」！因為把資金投資在不熟悉的市場標的，相對而言就是一種投資風險。

另外，還有所謂的倍數型和反向型的ETF，因為投資「眉角」太多，也不要碰！它們只適合短線交易，並不適合以長期投資為主的「GOWIN投資模式」。

【案例說明】

105 年 7 月 15 日大盤指數 8949，元大台灣 50 反 1（代號 00632R）當時的股價是 17.44 元。如果看空指數將下跌，以 17.44 元買進一張，持有到 105 年 9 月 13 日，該日指數位置是在 8940，理論上應該沒什麼賺賠，但真是這樣嗎？

實際上，元大台灣 50 反 1 的收盤價是 17.03 元，一張反而賠了 410 元！我們來試算一下：

$$(17.03 - 17.44) \times 1000 \text{股} = -410$$

$$(-410 \div 17440) \times 100\% = -2.35\%$$

從上述，就能看出我所說的投資「眉角」！所以我的建議是盡量不碰，如果是 105 年 11 月 14 日指數收在 8940 點，元大台灣 50 反 1 股價 16.7 元，那虧損金額就更多了。

操作祕技 Tips！

目前證券公司推出可買賣交易的 ETF 標的與種類都愈來愈多，對長期投資者來說，建議還是以高權值、高股息、大型金融這類 ETF 為主，例如台灣 50（代號 0050）、元大高股息（代號 0056）、元大 MSCI 金融（代號 0055），至於以其他國家為主或

槓桿倍數和反向的標的，應該盡量避而遠之。

我們以台灣 50 與 GOWIN 投資組合中的核心持股做個比較，提供參考。

圖 3　台灣 50 vs. GOWIN 投資組合比較		
0050	**標的**	**GOWIN 核心持股組合**
單一檔選擇性	選擇性	較高
簡單	選股	一定範圍內，不難
較低	靈活度	較高
極低	風險性	低
穩	報酬率	較高（操作空間大）
低	證交稅 *	一般

備註：目前賣出時的證交稅，ETF 是千分之一，一般股票是千分之三

長期投資》操作策略

看到這裡，我們先複習一下，「GOWIN 投資模式」中，長期投資股票的報酬來自於兩大部分：「每年的股息收入」與「股價的資本利得」。

但是如何選股則是個大學問？在這之前，我先分享個人研究多年，設計出一張人人都可學習，而且方便適用的 EXCEL 投資檢核表，除了接下來將以此表做為說明依據，也分享給讀者們可以下載輸入，管理自己的選股清單。

EXCEL 投資檢核表

這張表格主要分為三大部分（詳見第 179 頁）：

首先是表格的左上部分區塊 A，「每年填入股息數字」，一一輸入當年的股票股利、現金股息等資料。

接著是表格右上部分區塊 B，以 2008 年高低點做為參考基準，輸入當年該股最高價（H）、最低價（L），會自動計算出個人累計持股及累計股息。

表格下方區塊 C，填入期間、累計持股、累計股息等數字，則可試算出至目前為止的市值變化及 2 種投報率（年平均報酬率和年化報酬率）。

這張「EXCEL 投資檢核表」是理財性投資標的的操作策略基礎，之後都會參照此表，請讀者們務必親自操作看看，才能更快理解「GOWIN 投資模式」中的選股方法。

玉山金(2884) — 區塊 A / 區塊 B / 區塊 C

當年配發股利	現金	股票		最高價-H	最低價-L	累計持股-H	累計股息-H	累計持股-L	累計股息-L
2008年	0.4000	0.4000	2008年	19.45	6.23	1.040000	0.400000		
2009年	0.0000	0.3000	2009年			1.071200	0.400000	1.030000	0.000000
2010年	0.2000	0.4000	2010年			1.114048	0.614240	1.071200	0.206000
2011年	0.2000	0.7000	2011年			1.192031	0.837050	1.146184	0.420240
2012年	0.2000	0.5000	2012年			1.251633	1.075456	1.203493	0.649477
2013年	0.3000	1.0000	2013年			1.376796	1.450946	1.323843	1.010525
2014年	0.2764	0.8916	2014年			1.499551	1.831492	1.441876	1.376435
2015年	0.4346	0.8693	2015年			1.629907	2.483197	1.567219	2.003074
2016年	0.4300	1.0000	2016年			1.792898	3.184057	1.723940	2.676978
2017年	0.4900	0.7400	2017年			1.925573	4.062577	1.851512	3.521709
2018年	0.6126	0.6126	2018年			2.043533	5.242183	1.964936	4.655945
2019年									
2020年									
H				L					
持有年度	11.25		持有年度	10.75					
累計持股-H	2.04		累計持股-L	1.96					
累計股息-H	5.24		累計股息-L	4.66					
目前股價	20.1		目前股價	20.10					
市值	46.32		市值	44.15					
累積報酬率	138.13%		累積報酬率	608.69%					
平均報酬率	12.28%		平均報酬率	56.62%					
年化報酬率	8.02%		年化報酬率	19.98%					

玉山金(2884)

當年配發股利	現金	股票		最高價-H	最低價-L	累計持股-H	累計股息-H	累計持股-L	累計股息-L
2008年	0.4000	0.4000	2008年	19.45	6.23	1.040000	0.400000		
2009年	0.0000	0.3000	2009年			1.071200	0.400000	1.030000	0.000000
2010年	0.2000	0.4000	2010年			1.114048	0.614240	1.071200	0.206000
2011年	0.2000	0.7000	2011年			1.192031	0.837050	1.146184	0.420240
2012年	0.2000	0.5000	2012年			1.251633	1.075456	1.203493	0.649477
2013年	0.3000	1.0000	2013年			1.376796	1.450946	1.323843	1.010525
2014年	0.2764	0.8916	2014年			1.499551	1.831492	1.441876	1.376435
2015年	0.4346	0.8693	2015年			1.629907	2.483197	1.567219	2.003074
2016年	0.4300	1.0000	2016年			1.792898	3.184057	1.723940	2.676978
2017年	0.4900	0.7400	2017年			1.925573	4.062577	1.851512	3.521709
2018年	0.6126	0.6126	2018年			2.043533	5.242183	1.964936	4.655945
2019年									
2020年									
H				L					
持有年度	11.25		持有年度	10.75					
累計持股-H	2.04		累計持股-L	1.96					
累計股息-H	5.24		累計股息-L	4.66					
目前股價	20.1		目前股價	20.10					
市值	46.32		市值	44.15					
累積報酬率	138.13%		累積報酬率	608.69%					
平均報酬率	12.28%		平均報酬率	56.62%					
年化報酬率	8.02%		年化報酬率	19.98%					

備註：此表以西元紀年

179

❶逐年填入配股與配息數據,右邊會出現累積數量

❷填入 2008 年最高價與最低價

❸從 2008 年初起算,每季增加 0.25,最低價出現時間比最高價晚半年

❹目前股價=某日收盤價

❺與最近一年除權息累計之持股與股息相同

❻市值=目前股價 × 累計持股+累計股息

❼平均報酬率=累積報酬率 ÷ 持有年度

❽累積報酬率=〔市值-最高價(或最低價)〕÷ 最高價(或最低價)×100%

❾年化報酬率=(1+累積報酬率)∧(1/年數)-1(其中∧表示次方)

選股方法一:EXCEL 投資檢核表

第一種選股方式,也是我個人偏愛的方法。

首先,根據各類「選股標的」建立自己的股票池在 EXCEL 投資檢核表中,逐一計算股票池中的個股報酬率。

以長線(記錄歷年來的配股配息)保護短線(目前的價位)

為原則，再以之前某一年度最高價和最低價，用 EXCEL 表分別試算經過多年的配股配息後，直到目前的市值變化及兩種投資報酬率（年平均報酬率和年化報酬率）。

從中觀察出所輸入資料的股票，多年前以不同價格買進後，持有到現在目前價位的市值盈虧和報酬率變化情形，用來衡量該公司是否值得長期投資並持有。

接著，要看出長期投資這支股票未來的可能報酬率，衡量「目前股價」是不是適合布局的價位。用「現在的市價」輸入「最高價或最低價」欄位及「目前股價」欄位，計算出兩種報酬率。

最後，把「目前股價」欄位改為多年前的最低價，得出兩種報酬率，可以讓我知道若以現在價格買進，長期持有多年配股配息後，報酬率剩下正多少或是負多少，衡量萬一又來到最低價時的風險。有時，我也會加以判斷回到最低價的可能機率有多高。

備註：EXCEL 投資檢核表下載點，截至 108 年 3 月底收盤價計算。
　　　表中並增加「現金減資」之三向表，以鴻海為例。

【案例說明】

　　方便相對比較股票池中之股票，故統一以年初為計算基礎，最高價和最低價原則上以相距半年（0.5 年）計。

　　STEP1　以符合選股標的中之公司且自己熟悉之股票為主。

　　STEP2　用 EXCEL 表以 2008 年最高最低價算出至 108 年 3 月底股價的兩種報酬率。

　　以表中的玉山金為例。依序填入 2008 年的最高價與最低價，以及 11 年來的配股、配息數據等，就能算出當初若是買在最高價的 19.45 元，經過多年的配股配息收入，還有股價上漲的資本利得，每年報酬率有 12.28%，年化報酬率則為 8.02%；買在最低價的 6.23 元，則平均報酬率有 56.62%、年化報酬率為 19.98%。

玉山金(2884)

當年配發股利	現金	股票		最高價-H	最低價-L	累計持股-H	累計股息-H	累計持股-L	累計股息-L
2008年	0.4000	0.4000	2008年	19.45	6.23	1.040000	0.400000		
2009年	0.0000	0.3000	2009年			1.071200	0.400000	1.030000	0.000000
2010年	0.2000	0.4000	2010年			1.114048	0.614240	1.071200	0.206000
2011年	0.2000	0.7000	2011年			1.192031	0.837050	1.146184	0.420240
2012年	0.2000	0.5000	2012年			1.251633	1.075456	1.203493	0.649477
2013年	0.3000	1.0000	2013年			1.376796	1.450946	1.323843	1.010525
2014年	0.2764	0.8916	2014年			1.499551	1.831492	1.441876	1.376435
2015年	0.4346	0.8693	2015年			1.629907	2.483197	1.567219	2.003074
2016年	0.4300	1.0000	2016年			1.792898	3.184057	1.723940	2.676978
2017年	0.4900	0.7400	2017年			1.925573	4.062577	1.851512	3.521709
2018年	0.6126	0.6126	2018年			2.043533	5.242183	1.964936	4.655945
2019年									
2020年									

H			L	
持有年度	11.25		持有年度	10.75
累計持股-H	2.04		累計持股-L	1.96
累計股息-H	5.24		累計股息-L	4.66
目前股價	20.1		目前股價	20.10
市值	46.32		市值	44.15
累積報酬率	138.13%		累積報酬率	608.69%
平均報酬率	12.28%		平均報酬率	56.62%
年化報酬率	8.02%		年化報酬率	19.98%

STEP3 以目前價格算出至目前股價的兩種報酬率。

玉山金(2884)									
當年配發股利	現金	股票		最高價-H	最低價-L	累計持股-H	累計股息-H	累計持股-L	累計股息-L
2008年	0.4000	0.4000	2008年	20.1	20.1	1.040000	0.400000		
2009年	0.0000	0.3000	2009年			1.071200	0.400000	1.030000	0.000000
2010年	0.2000	0.4000	2010年			1.114048	0.614240	1.071200	0.206000
2011年	0.2000	0.7000	2011年			1.192031	0.837050	1.146184	0.420240
2012年	0.2000	0.5000	2012年			1.251633	1.075456	1.203693	0.649477
2013年	0.3000	1.0000	2013年			1.376796	1.450946	1.323843	1.010525
2014年	0.2764	0.8916	2014年			1.499551	1.831492	1.441876	1.376435
2015年	0.4346	0.8693	2015年			1.629907	2.483197	1.567219	2.003074
2016年	0.4300	1.0000	2016年			1.792898	3.184057	1.723940	2.676978
2017年	0.4900	0.7400	2017年			1.925573	4.062577	1.851512	3.521709
2018年	0.6126	0.6126	2018年			2.043533	5.242183	1.964936	4.655945
2019年									
2020年									

H			L	
持有年度	11.25		持有年度	10.75
累計持股-H	2.04		累計持股-L	1.96
累計股息-H	5.24		累計股息-L	4.66
目前股價	20.1		目前股價	20.10
市值	46.32		市值	44.15
累積報酬率	130.43%		累積報酬率	119.66%
平均報酬率	11.59%		平均報酬率	11.13%
年化報酬率	7.70%		年化報酬率	7.59%

STEP4 以目前股價計算出假使跌到 2008 年最低價（或歷史低價）的兩種報酬率，只要將「目前股價」欄位填入 2008 年最低價，就能得出如果未來又跌到這個價位的報酬率，評估未來下跌時所謂的安全邊際，再衡量現階段相對跌到 2008 年最低價（或歷史低價）之可能性。評估未來假使跌到最低點，其年化報酬率能否接受。

玉山金(2884)

當年配發股利	現金	股票		最高價-H	最低價-L	累計持股-H	累計股息-H	累計持股-L	累計股息-L
2008年	0.4000	0.4000	2008年	20.1	20.1	1.040000	0.400000		
2009年	0.0000	0.3000	2009年			1.071200	0.400000	1.030000	0.000000
2010年	0.2000	0.4000	2010年			1.114048	0.614240	1.071200	0.206000
2011年	0.2000	0.7000	2011年			1.192031	0.837050	1.146184	0.420240
2012年	0.2000	0.5000	2012年			1.251633	1.075456	1.203493	0.649477
2013年	0.3000	1.0000	2013年			1.376796	1.450946	1.323843	1.010525
2014年	0.2764	0.8916	2014年			1.499551	1.831492	1.441876	1.376435
2015年	0.4346	0.8693	2015年			1.629907	2.483197	1.567219	2.003074
2016年	0.4300	1.0000	2016年			1.792898	3.184057	1.723940	2.676978
2017年	0.4900	0.7400	2017年			1.925573	4.062577	1.851512	3.521709
2018年	0.6126	0.6126	2018年			2.043533	5.242183	1.964936	4.655945
2019年									
2020年									

H			L	
持有年度	11.25		持有年度	10.75
累計持股-H	2.04		累計持股-L	1.96
累計股息-H	5.24		累計股息-L	4.66
目前股價	6.23		目前股價	6.23
市值	17.97		市值	16.90
累積報酬率	-10.58%		累積報酬率	-15.93%
平均報酬率	-0.94%		平均報酬率	-1.48%
年化報酬率	-0.99%		年化報酬率	-1.60%

STEP5 同類、同性質、同價位股做比較,選出報酬率高者。

或許你會質疑,未來的配股配息怎麼可能和過去一樣,所計算出來的這兩種報酬率有何參考價值?

我想,以過去這家公司歷年的配股配息來觀察,會比市場上只用當年度的「現金殖利率」或「預估本益比」來計算進場價格,更具參考價值。

畢竟至今市場上還沒有一種可以絕對獲利的方法,而我自己在實際交易過程中用此方法選股,不但降低短線投資風險,還創造出穩健報酬獲利,便足以為證。

操作祕技 Tips！

我個人的股票池中，約有 100 多檔候選名單，都是書中曾提到的標的，而且都是自己所熟悉股性、獲利穩健的公司。

買進布局前，記得必須把同類股、同性質股，或是同價位股做一「相互比較」，找出其中報酬率較高且較適合自己投資屬性的標的，才能買的更放心，勝率也會更高。

選股方法二：類重置成本概念法

這個方法運用在有些股價已屬低價股，又跌到基期相當低的位階，這時候我會選擇用「重置成本」的概念切入，慢慢分批布局（耕耘階段）耐心等待日後的上漲報酬（收割獲利）。

【案例說明】

創建一座面板廠所需投入的資金動輒百億元起跳，面板應用範圍愈來愈廣泛，除了電視、電腦、手機之外，還應用在汽車、醫療、穿戴式裝置……等各方面，已是未來不可或缺的商品之一。尤其近幾年一步步「轉型」，工商業智慧運用、綠能、元宇宙……等，也沒有缺席，漸往高附加價值具 know-how 產品努力逐步優

化獲利,更朝 ESG 永續發展邁進。

以面板雙虎友達與群創來看,若是股價在面額 10 元左右,那總市值也只有千億元。

我認為,與其新成立一家規模夠大的面板公司,還不如在市場上買進友達、群創的股票,掌握相當股權後便具有主導權和控制權,其所花的成本遠低於新設立廠房設備之成本,這就是我認為股市中主力經常借題發揮拉抬股價的「重置成本概念」題材。

二、波段操作(投資性投資)》
選股重點與原則

首先,我要強調的是,不同於一般的波段操作,「GOWIN 投資模式」中所謂的波段操作,仍必須以天龍第七部「適當的持股現金比重」為原則來調整。

投資性投資標的(衛星持股)的選股有三大重點:

備註:面板雙虎的實收資本額原本在 1000 億元左右,兩家公司同時在今年(111 年)辦理現金減資,9 月 28 日為減資前最後交易日。友達減資 20%後的實收資本額約為 769.93 億元;群創減資 9.5%後的實收資本額約為 955.64 億元。

重點一、以技術面和籌碼面為主、基本面為輔之原則來選股；

重點二、採「波段操作」，和長期投資角度切入之理財性投
　　　　資標的略有不同；

重點三、只選自己熟悉的公司股票。

至於投資性投資標的的選股原則，我稱之為「632法則」。綜
合技術面、籌碼面與基本面等不同面向，這些原則都必須同時符
合，才算是符合買進訊號。其實，市場上技術指標一、兩百種，
各有其優缺點，而我在「632法則」中所採用的技術指標，是市場
中最尋常、也最多人使用的，最大好處就是簡單明瞭且易懂。

在說明「632法則」之前，我要先提醒一下，在基本面部分，
必須營益率$_2$成長、獲利成長。營益率是衡量企業獲利的一項重要
指標。營益率高表示本業獲利能力強。

原則一、「6」條均線都上揚。

技術面上，5日、10日、20日、60日、120日、240日六條
平均線同時往上翻揚。為了好記，我稱它為「六鐵共構」。

---

2. 營益率＝營業利益（即營業毛利－營業費用）÷營業收入

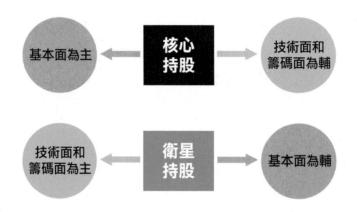

圖4　核心持股、衛星持股選股重點

核心
持股

基本面為主

技術面和
籌碼面為輔

衛星
持股

技術面和
籌碼面為主

基本面為輔

原則二、「3」個 KD$_3$ 指標黃金交叉。

同樣是屬於技術面，日、週、月的 KD 指標同時交叉往上（K
值高於 D 值），猶如「三箭齊發」。

原則三、「2」方籌碼背道而馳。

屬於籌碼面部分，散戶和外資法人雙方「同床異夢」。當股
價出現上漲現象，融資餘額持續降低且外資法人庫存持續增加。
表示籌碼由散戶身上流向法人的手中，籌碼漸趨安定。

---

3. 範例中以日 KD 說明，週、月 KD 請自行上財經網站或券商下單軟體查詢。

　　我對於衛星持股的選擇有兩個重點：首先是基期不高的股票，以不超過 50 元為限，原則上股價愈低，對資金部位不大的族群更為有利；另一則是績優集團股，因為有一定經營與信用基礎，比較安全。但是若用剔除法來看，以下則是我個人實際交易中較不考慮的選項：

×不選高價股或高基期股。

×不選賠錢公司，以免遇到市場主力炒作標的，曲終人散時跑不掉。

×不選歷年來只配股票不配現金股息的公司，避免碰到「印股票換鈔票」的公司。

×不選成交量很少的公司，才不致出現流動性風險，想用錢時卻賣不掉。

×不選股性偏溫和標的，如金融股、ETF。

投資性投資標的（衛星持股）檢查表

選股重點

☐ 1. 以「技術面和籌碼面為主、基本面為輔」之原則來選股。

☐ 2. 「波段操作」和以長期投資角度切入之理財性投資標的略有不同。

☐ 3. 自己較為熟悉的公司。

選股原則（632 法則）

☐ 1. 技術面：「六鐵共構」和「三箭齊發」。

☐ 2. 籌碼面：「同床異夢」。

☐ 3. 基本面：「營益率成長」、「獲利成長」（觀察單季 EPS 是否逐季成長或較前年度成長）。

以上「技術面、籌碼面、基本面」三者皆須符合。

選股標的

☐ 低價股（30 元以下優先，不超過 50 元）

☐ 績優集團股

備註：以上同時符合愈多項愈佳

【案例說明】

華新（代號1605）日線圖

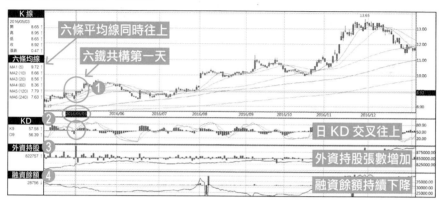

技術面：請先看上圖❶畫圈位置，是形成「6鐵共構」第一天！

再看 KD 圖❷游標呈現「日 KD 交叉往上」。

籌碼面：❸「外資持股」張數持續增加，❹「融資餘額」陸

續下降，至目前為止股價有一波漲幅。

基本面：營益率，104 年 Q3 為 1.19%、104 年 Q4 為 1.99%、

105 年 Q1 為 3.68%，顯示逐季上升。

佳世達（代號2352日線圖）

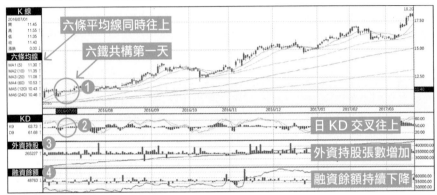

技術面：與華新走勢類似，先看❶那條游標位置，是形成「6
鐵共構」第一天。再看❷游標呈現「日 KD 交叉往
上」。

籌碼面：❸和❹「外資持股張數持續增加，融資餘額陸續下
降」，之後股價有一波漲幅。

基本面：營益率，104 年 Q3 為 1.65%、104 年 Q4 為 2.79%、
105 年 Q1 為 3.41%，顯示逐季上升。

操作祕技 Tips！

　　當然，如果再配合你自己曾經獲利的「選股方法」，或許可以更早一步切入，逢低布局到更低之成本價格。

　　股價經常會領先業績反映，股價先上漲，之後公司公布業績皆呈現成長趨勢，而「632 法則」便可以幫助我們提早一步布局。

　　記得「簡單的事重複做，久而久之會更接近專業」，看過以上範例後，試著學習應用，並且觀察愈多符合「632 法則」之標的，便會不斷提升判斷能力。

波段操作》操作策略

　　趨勢一旦形成，短期間就不易改變！在我過去的實際交易中，「632 法則」所挑選出的股票已屬強勢標的，只要出現這種轉強跡象，短期間不大容易轉變（符合買賣股票直接獲利的方法 2. 買高賣更高），找機會切入分批布局勝率頗高。以下是我的操作方式：

一、「擇機」分批布局：

　　當我發現某檔股票已符合上述「632 法則」時，我會先找出哪

一天是正式符合「632」的第一天,先確定當日價格,再看看目前價位。如果距離第一天符合「632」的價位已經上漲了好大一段,站在風險角度考量,通常作法有二。

一是、「重新尋找另外的標的」,雖然會因此錯過一些獲利機會,不過我們既然是以穩健增值為目的,在真的已經漲多後,隨時都可能出現回檔的風險,所以我不會選擇布局該標的;二是、等股價「在適度拉回修正後,研判未來上漲機會不小,才會考慮分批布局」。

若是該標的符合「632 法則」但目前價位距離符合「632」第一天的價格並沒有相差太多時,在作法上會比較積極些。如果手中持股比重較低,就會直接開始分批買進布局;若是手中已具有一定持股比重,則是利用股價震盪整理時,擇機慢慢分批布局。

二、做好停損的心理準備:

欲買進該股票的資金部位,若已全數投入後,表示該筆資金已布局完成,其股價走勢如符合原先預期往上漲,處於獲利階段,那當然就是等待好時機實現獲利。若是走勢不如預期,也要有「停損」準備,重新選擇符合「632 法則」標的再出發。

　　至於設定「停損」，分為「空間停損」和「時間停損」：

　　1. 空間停損：也就是價格！若該筆資金已全數布局完畢，價格不如原先預期上漲，反而下跌的話，大約一根半停板15%左右，視為一個檢查點，但仍需視當時手中持股比重的高低配合應用，考慮是否停損，重新等待另外機會。

　　2. 時間停損：該筆資金布局完畢後，若三個月以上時間仍未如預期向上，考慮出掉重新擇股。

　　切記，「GOWIN 投資模式」是採取慢慢分批布局方式，而非把資金集中在某價位時一次投入。畢竟符合「投資性投資標的」之股票，股價大部分皆已上漲了一段，價格也比之前的低點高出許多，還是得先做好「股市黑天鵝一直都存在，只是什麼時候出現不確定」的心理準備。

　　這類以一個波段一個波段操作為主的「投資性投資標的」，和「理財性投資標的」在操作策略上並不相同。在實際操作上，資金靈活度的要求較高，要有適時停利或停損的策略，才不致當股市黑天鵝突然出現時發生重傷害。

　　在我的實戰經驗中，整體行情愈活絡往上時，成功率愈高；行情較清淡時，勝率會降低一些。

操作祕技 Tips！

　　讀者們可以舉一反三，如果發現完全與「632 法則」三項選股原則皆相反，那我稱它為「反 632 法則或是 632 反」，其未來股價很可能續呈弱勢，若是屬於我們欲布局的投資組合標的，可以採取「等待跌下來之後」再分批布局，至於「下跌幅度」多大時開始布局這個問題？如果是大型績優集團股可以 10%～ 20%為基準；如果是股性較為活潑的股票，跌幅可以再拉大些。

　　我還是要再次重申，「GOWIN 投資模式」中的「投資組合」是以具相對穩健特性的「理財性投資標的（核心持股）」和具靈活度的「投資性投資標的（衛星持股）」為主，藉由「長期投資＋波段操作」精神，搭配「適當持股現金比重」，以創造長期資產穩健增值為目標。

　　不屬於這兩大類的標的，都不會列入我的投資組合，其中「理財性投資標的」會佔整個投資組合中的七成，而「投資性投資標的」大約三成，在我的實際操作過程中，這樣的比重配置，較具「進可攻、退可守」的操作彈性。

　　最後，也是最重要的，常常會有些朋友詢問，某某股票已符

合「GOWIN 投資組合的選股原則」，該不該進場買進呢？通常我會用三個問題反問朋友，而這也是我在操作前，經常會提醒自己的幾個問題，提供參考：

1.是符合「理財性投資」或「投資性投資」標的？

2.是歷年來自己熟悉的標的？

3.目前手中「持股現金比重」高或低（即股票、現金各佔幾成）？

至少這些問題自己必須先確定！才會有下一步的布局與否。

從排骨飯理論到 632 法則

「632 法則」的應用確實較為複雜，也有朋友跟我反應，「六鐵共構」中必須看「120 日和 240 日平均線」以及「三箭齊發」的「月KD」也必須觀察，實在是「看太長」了！而且看這麼長期的數據指標，會不會過於 LKK。 這也讓我想起「632 法則」前身，我自己在股票市場中所領悟出來的「排骨飯理論」。

記得以前吃飯時，若大家不約而同點了排骨飯，上桌時總覺得別人碗裡的那塊「排骨」特別大，「別人的那份排骨總是比自己餐盤的更大塊」，這就是我的「排骨飯理論」。

引申到股市的實務操作，就是每天看盤時，原本只留意自己所觀察或是手上的股票漲跌，但聽到身邊的朋友或同事賺到「某檔漲升股票」的錢時，自己卻沒跟著賺到，心情難免浮動，更覺得自己很遜！

我剛進股市的前 10 幾年，懵懵懂懂，持續研究追蹤技術面、籌碼面、消息面……等綜合各方面的練功與實戰經驗，不斷進行短中線操作，追漲殺跌、追高賣更高（或殺低停損），有賺有賠，卻難

以累積到一筆財富,更不用說有財務自由的一天。

　　每天執著在短線投機交易,連續吃了 10 多年「排骨飯」後,也看過太多太多股票怎麼漲上去,最後又怎麼跌了下來,我才領悟出「632 法則」,再加上一整套更全方位且全面性考量的「GOWIN 投資模式」,才真正享有資產穩健增值效果,遠勝過以往「排骨飯理論」不確定性的財富積累。

　　「GOWIN 投資模式」強調的是「長線保護短線觀念、以及趨勢一旦形成後,短期間不易改變」⋯⋯等觀念,所以,120 日、240 日平均線及月 KD 值真的不算「太長」!我想,有此疑慮的人,應是初入股市的新手或是進股市交易經驗僅有短短數年,尚未歷經「大風大浪、股市一夕變臉」的投資者或投機者吧!

　　以前看別人賺錢,會覺得自己的錢好像變少,心態上變得更加急躁。其實,這個觀念並不正確,因為儘管別人的錢變多了,自己的錢根本沒變少。

　　從理性的角度思考,我們的目標是自己的財務自由,並不需要去「管」別人賺錢與否,這種比較一點意義也沒有,不用羨慕別人賺到錢而亂了自己的投資步調,更不要盲從各種不切實際、不適合自己的股票投機方法!

632 法則案例分享

　　我曾在自己的部落格「股市週記」分享「遠東新（代號1402）」這檔投資組合標的，107 年 8 月 23 日股價來到 37 元以上（已除過現金股利 1.2 元）。讓我想起在那之前的 5 月 16 日曾受邀到台大證券研究社演講分享「GOWIN 投資模式」的整套內容。

　　當天分享後有一位聽眾（社會人士）問我，「老師，請問一下，你剛才說的『632 法則』衛星持股的選股，『遠東新』這檔股票今天是收 28.2 元，是不是已經符合『632 法則』了」？

　　我當時回答：「對，遠東新在先前 26 元左右就已經符合 632 法則了。」這位朋友相當認真，直到 8 月 22 日再次聯絡時，他說：「感覺遠東新中長期還會有一大波段。」接著又問：「假如中長期會有一大波段，來回操作的總獲利和放著等這一大波段的總獲利，哪一種會比較好？」想聽聽我的看法如何？

　　坦白說，會不會「再有一大波」？沒有人能確定，因為從 26 塊多符合「632 法則」，到了 8 月 23 日已來到 37 元以上，再加上 1.2

元的現金股息，其實漲幅已經將近 50%。

就以這個案例來說，我個人的建議與作法是，應該先從「遠東新」這檔股票佔「投資組合」中的比重，來區分不同作法：

一、高比重：可以「慢慢、分批」賣出，先將部分獲利入袋為安，這是相對比較保守安全，也是「退可守、進可攻」的操作策略。因為錢沒放進你的口袋裡，都還不算是你的。

二、低比重：如果認為未來還有一大波段漲幅，那就先放著，畢竟所佔的比重不高，相對獲利的金額應該也不多，就試試看自己的判斷是否正確，這也是一個讓自己進步的一種方式。

如果換是我自己，又會怎麼操作呢？

當時指數一萬多點，遠東新的漲幅已高達 50%，且獲利超過三成。若再把 1.2 元的現金股息加總計算，投資報酬率更高！

$$〔(37-28.2) \div 28.2〕 \times 100\% = 31.2\%$$

因此，我會選擇「分批賣出、高先出、低補回，來回操作」，並不會貪心後面是不是還有那一大段，就算有，就留給膽量大的人去賺，我會再去尋找下一檔符合「632 法則」的股票來操作。切記，大盤指數位階高，持盈保泰不貪心，持續保持高度風險意識。

02

天龍第七部：
規劃適當持股現金比

市場處於「多頭行情」時，隨時提醒自己，
加倍投資戒心，有效守住荷包！

G「GOWIN 投資模式」從天龍第一部的股市特性與投資心理談起，接著我們討論股票基本獲利模式與重要的投資觀念等，到了天龍第六部學習實際操作，如何選股以及操作策略。資產能否長期穩健增值的成功關鍵，除了選對標的建立正確投資組合外，做好「適當持股現金比重」的數值管理，更是極其重要的關鍵，也是接下來天龍第七部的重點。

誠如我一再強調，「股市是活的」！因此投資人面對股市時，所有的操作方式都不該一成不變，而是必須視實際狀況相對微調，才是穩健的長期投資之道。

在投資之前該有的正確心態，我在書中不斷提醒。就是過去見過太多投資失敗的案例在先，沒有人希望這樣的事情發生，但是每個人又認為自己不會是那一個失敗者，過度自信加上賭一把的心態，最終還是悲劇收場。

以整體資金投資配置的概念來看，投資人手上可以運用的資金與投入股市的金額，務必要嚴格控管，且避免財務槓桿操作。當看到行情好便一股腦兒把手上全部現金投入買股，甚至有些人偏好使用融資買進，很容易讓自己落入投資困境中，以自有資金進行投資，才能達到累積財富與穩健增值的目標，否則只要遇上

一次大跌就得付出相當大的代價，或是遇到行情看漲時，陷入手上卻已經沒有資金可用之窘境。這也是「適當持股比重」所要強調的重點。

持股比重＝目前持股市值÷
**　　　　（目前持股市值+可投入但尚未投入的資金）**

圖5　影響持股比重6項指標

3. 利空恐慌急跌

4. 利多頻傳急漲

2. 大盤融資維持率數值

5. 國內經濟景氣變化

影響持股比重 **6** 項指標

1. 大盤指數位置

6. 國際股匯市變化

在決定適當持股比重時，我會觀察下列六項指標：大盤指數位置、大盤融資維持率數值、利空恐慌急跌、利多頻傳急漲、國內經濟景氣變化與國際股匯市變化等，在接下來的篇章中會一一說明詳述。

指標一、大盤指數位置：

市場上流傳一句話：「選股不選市！」這句話的意思是只要你選對個股，根本不必管指數現在的位置是多少。這句話聽起來很有道理，但我的看法並非如此。

首先，除非你是股票市場的交易天才，不管市場如何變化，每次選股都精準無比才成立，我想這點對大部分投資人來說，真的很難。

其次，股票市場是由眾多「想買進」和「想賣出」的投資人集合在一起交易，大家對未來股市的看法和想法不盡相同，才可能「成交」。而且從近 22 年的大盤指數統計數據（見圖6）可以看出，指數上萬點的時間實在有限，超過一半時間都是在 6000 ～ 8500 點之間，所以我仍主張必須注重指數位階。

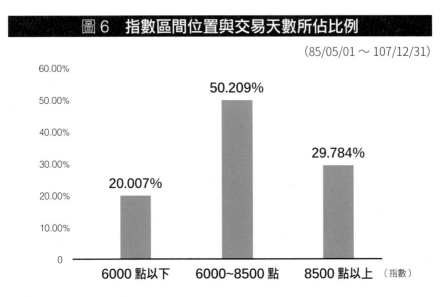

圖6　指數區間位置與交易天數所佔比例

(85/05/01 ～ 107/12/31)

　　另外，台股每年都會「除息」，配發現金股息給股東。每當除息交易時，指數會自動扣減，扣減的指數多少，得視當年度的配息金額多寡及其所佔權重而定。近 20 年來，平均每年大約會扣減 200 多點（編按：107 年指數扣減大約 400 點左右），如果大家把最近二十多年以來所扣減的指數「還原」（加計）回去，至 107 年 12 月底指數 9727 點，應該已超過歷史 12682 高點。

　　對長線投資者而言，如果把絕大部分的資金，集中在 10000 點以上做大量買進股票維持高持股比重，其風險相對來說有些偏高。就我的長期觀察，至今市場上「某些高手」對指數位階仍具

206

一定戒心,尤其是較為資深的股市老(好)手們,會將指數所處位置當作「資金風險控管」的判斷依據之一。

還記得我前面說過,想要成為股市長期的贏家,至少必須掌握兩大原則:「建立正確投資組合(選對股)」以及「適當的持股現金比」,優秀的資深好手不會只重視「選股不選市」此一原則,因為他們在親身經歷多次的多空漲跌循環後,更加明白股市是活的、股市黑天鵝總是出其不意地突然出現,指數位階仍是極具參考價值,而不是像賭徒一樣,無時無刻地把全部資金戀戰於股市中。

我們先來看看台股大盤指數的最高與最低點,79 年歷史最高點 12682,一路修正直到 2485 才正式止跌,兩者中線位置大約是在 7583。

大盤中線位置=(12682+2485)÷2=7583

再從台股 20 多年的走勢觀察,指數停留在 9000 點以上的時間比重並不高,10000 點以上所停留的時間更少,而落在 6000 點以下時間比例也是不高,5000 點以下就更少了(詳見圖 6)。

從表中看出,6000 ~ 8500 點區間佔超過一半以上的時間,因此以長期投資者角度而言,9000 點以上持股比重應該逢高逐漸

降低；6000點以下應該逢低增加持股比重。

參考重點一、以指數7583點為中心，加減1000點（6583～8583）為持股比重的重要參考區間位置。

原則上，在此區間的持股比重會以50％為基準，再配合當下其他幾項變化來做一增減，一般來說介於45％～55％間（例如：有時候在投資報酬率已高下，會先落袋為安，持股比重會更低些）。若是大盤指數持續往下接近或跌破6583點會增加比重；持續上漲超過8583點會降低持股比重。

實際持股加減幅度視當時盤勢的變化及其他幾項因素機動調整，難以用固定的加減比率一言概之，若是過於僵化絕對的加減比率，恐會影響或降低整體投資報酬，但是理論上，只要與中線7583點位置距離愈遠時，加減比重愈高。

圖7　持股比重調整示意圖

大盤指數	6583	7583	8583
持股比重	越接近或跌破此數則增加持股比重	以50％為基準，視其他指標微調45～55％	越接近或上漲超過此數則降低持股比重

參考重點二、搭配當下「十年平均線位置」，相互配合應用。

十年平均線代表一個更為長期的平均成本概念，從幾次的歷史走勢觀察（請參考圖8），指數在跌破十年線以下分批買進，套牢的時間都不會太久，勝率相當高。在我自己的實際操作中兩者指數（目前指數和十年平均指數）搭配使用，將之應用在「持股比重」上，對整體投資報酬是有相當大的助益。

從歷史經驗觀察，我們再來複習一下長期以來的指數位置和十年平均線位置，應該會更清楚些（詳見第 210 頁）。

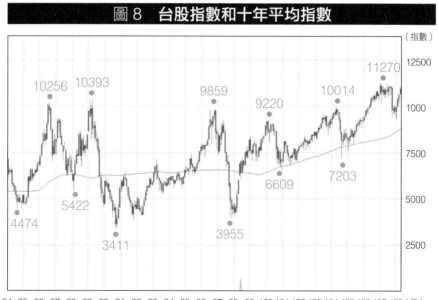

圖8　台股指數和十年平均指數

209

台股指數	十年平均指數
84 年 8 月指數從 4474 點	5395
上漲到 86 年 8 月 10256 點	5897
88 年 2 月跌到 5422 點	6288
上漲到 89 年 2 月的 10393 點	6113
跌到 90 年 9 月的 3411 點	6245
上漲到 96 年 10 月 9859 點	6558
97 年 11 月跌到 3955 點才止跌	6511
100 年 2 月漲至 9220 點	6470
100 年 12 月回跌到 6609 點	6745
上漲到 104 年 4 月 10014 點	7703
104 年 8 月遇到全球股災下跌至 7203 點	7797
上漲到 107 年 1 月 11270 點	8211
截至 108 年 4 月 30 日指數 10967 點（十年線約 8789）一直站在十年線上。	

　　從上述可看出：「最理想的長線買點都是在跌破十年線時」。補充說明一下我的想法，以目前 108 年 4 月 30 日，十年線大約在 8789 點位置，比之前所設的 7583 點中線加上 1000 點還高，在作法上會以十年線位置優先中線 7583 點考量持股比重，因為之前說過跌破十年線的時間都不會太久。

　　若是假使未來全球景氣大好，或是我們台灣經濟景氣突飛猛進，連帶使台股大漲，指數突破以前的歷史高點 12682，往 15000 點或是更高指數位置邁進，屆時前面所計算出的中線位置 7583 點就必須重新調整 4，只有經過不斷的修正與調整，更能掌握盤勢變化，也才能夠成為股市最後的贏家。

指標二、大盤融資維持率數值

　　除了以大盤指數高低點位置做為持股比重增減參考外，我個人還會使用「大盤融資維持率 5 數值高低變化」做為參考判斷依據。

4.111 年 1 月 5 日大盤指數最高點來到 18619，中線位置應調高至 10552。算式為：
　　（18619 ＋ 2485）÷2 ＝ 10552
5.可在網站 www.istock.tw 中，點選「大盤融資維持率」選項，即可看到相關資訊，
　　或至券商網站查詢。

　　由近幾年指數高低位置的「月K線圖、週K線圖的大盤融資維持率數值變化」來觀察，指數高點位置的融資維持率數值似乎有愈來愈低之現象，或許與整體股市的成交量逐漸萎縮有密切相關性。而大盤的融資餘額也逐漸下降，代表散戶投資人的操作心態轉趨保守，且具高度戒心。

　　最近我就104年以來的觀察，從每日大盤融資維持率數值的變化來看，只要接近或超過170%一些，就出現拉回整理（短線獲利了結）現象，目前仍是如此尚未改變。

　　台灣證券交易所並未提供上述資料，但部分資訊公司有自行統計，投資人可以直接詢問券商營業員目前的大盤（上市）融資維持率數值。

　　目前的融資交易規定，是自備四成資金，向券商融資借貸六成的金額。融資維持率的算法如下：

　　以買進價格和收盤價都是20元來看：

融資維持率＝〔20÷（20×60%）〕×100%=166.66%

　　若當天融資買進價20元，但收盤下跌到19.2元，則融資維持率會微幅下降。

融資維持率＝〔19.2÷（20×60%）〕×100%=160%

圖9　融資維持率變化

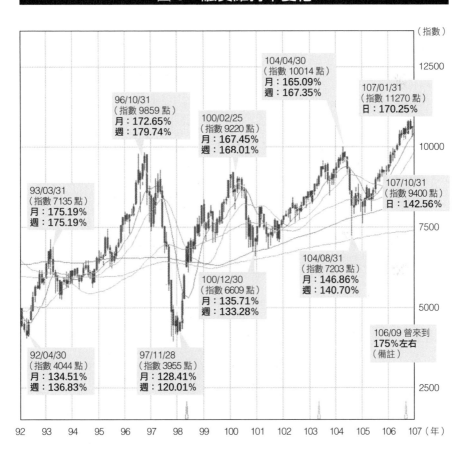

備註 :106 年 9 月曾來到 175% 左右，隔年（107）2 月即出現融資追繳斷頭現象，10
　　　月指數又下跌至 9400 點，又一次追繳斷頭！

　　何謂融資追繳與斷頭，目前的規定是整戶維持率低於 130%時，券商會發出追繳令，次二營業日內，必須補足追繳的價金，如未補足，股價仍是下跌以致整戶維持率仍低於 130%，券商可以直接在市場上賣出，即是所謂的斷頭。

　　長期觀察下來，「大部分投資人」大都是賺錢的股票捨得賣，套牢的股票反而一直抱著不願實現虧損，所以套牢在手中的股票平均融資維持率可能不到 150%，甚至更低，會將整體的融資維持率拉低。

　　乍看之下，170%的融資維持率只比 166.66%多出一點點，沒賺多少錢，應該不會有賣出動作，但實際賣出來的是以獲利的股票為主，也就是融資維持率較高的股票，這就是大多數市場融資投資人的作法，所以只要大盤的融資維持率來到 170%左右，常常會出現短線獲利了結賣壓，當然有時候會再高一些才出現。

　　套牢的股票捨不得賣出，一直留在手中，一不小心，當股市黑天鵝現身時，就會發生「融資追繳，進而產生斷頭危機」，造成盤勢加速下跌。

　　站在長期穩健報酬的風險考量，作法上當然是在**接近 170%**

附近或更高些時，開始分批減碼降低持股比重提高現金部位會比較安全，又從月 K、週 K 線數值統計圖來看，**較理想的波段低檔布局區間，皆在維持率低於 147%以下，甚至是 140%以下時。**

通常我的作法是在 145%以下，開始「積極分批往下加碼布局，提高持股水位」，短期間或許會套牢，但時間拉長來看，將來隨著指數開始往上反彈，手上持股勝率仍是相當高。當然每個讀者都可視自身經驗調高或降低，找到適合自己投資屬性的參考數值。或許有人想問，為什麼我不等到 135%以下或更低時再進場布局，這樣勝算不是更高嗎？

根據我在實務上的經驗，如果出現融資斷頭現象時，常常連續快速殺盤幾天之後，立即展開「快速反彈向上」！以長線的投資者來說，跌破 145%以下開始分批往下布局，我認為是比較適合之作法。

舉例來說，106 年 9 月大盤指數大約在 10600 點，大盤融資維持率來到 175%左右，107 年 1 月 18 日指數 11071 點較 106 年 9 月時高，但維持率大約是 170.25%，未超越 175%

107 年 6 月 8 日指數最高來到 11156 點，維持率僅來到 172.7%，亦無法越過去年 9 月的 175%，後來便出現融資追繳斷

頭萬箭齊發，市場上的融資戶哀鴻遍野。同年 10 月 26 日大盤指數最低來到 9400 點，維持率也回到 142% 左右。以此為例，若能耐心等到跌破 145% 才開始布局，相信可以選到更多便宜貨股票和更低的價格，相對來說，成本更低，未來的投資報酬率將更高。

指標三、利空恐慌急跌

當利空訊息瀰漫，對短線投資人或一般投資人來說，一時之間難以理性面對突如其來的盤勢變化，其投資心理及投資行為將變成「被操控」的一群人，一聽到利空消息便更加恐慌，急忙殺出手中股票。市場主力最擅長利用「跌時看跌」之心理，只要在市場上丟出一些籌碼，進而促使投資人殺出手中持股，使大盤指數在短期間急挫。

對長期投資的人而言，既然市場已出現非理性下殺行為，並且是在短期間所形成，蠻符合我們「GOWIN 投資模式」所提過的投資觀念：「逆向思考，人棄我取」原則！

逢低尋找符合「理財性投資標的」或是「投資性投資標的」的契機，如果當下的持股比重並不高，分批加碼適合的標的，利

用長線保護短線原則，挑出符合我們理財性投資之標的，適時增加一些持股比重，未來勝率相當高。

　　而所謂的「連續性急挫」情形，我個人定義是，在三個月內指數下跌超過12%，這種狀況便符合「GOWIN 投資模式」波段操作的「有機可乘」契機。通常我會再配合其他幾項持股比重決定因素一併判斷，包括才剛提過的大盤指數位階與大盤融資維持率數值高低位置，做為增減持股比重之參考。

　　以長期投資的心態分批布局，長期持有後常會出現令人滿意之報酬，另外還有一個好處，待盤勢止跌走穩後，亦相當容易賺到反彈時的「短線或波段差價」。

　　要注意的是，如果指數已經連續上漲一段期間，且位階來到較高位置，縱使三個月拉回12%，但仍處於相對高位階位置，那我持股增加的比重只會小幅增加，甚至不會加碼，繼續保持觀望。例如有一波漲幅從 7000 點漲到 10500 點，之後回檔修正 -12% 到 9240 點，但位階仍高。

　　不過，若是本來就已經拉回整理一段時日，接著又符合利空急挫條件，指數位階相對不是那麼高的時候，我便會考慮提高持股比重。

市場上常會發生一些大家曾預估到或未預估到的訊息，雖然有人說：「預測股市漲跌本身就是一種風險。」但我認為，如果能夠不斷提升自己的專業判斷能力，久而久之後便能降低預判的風險。

利用大部分投資人恐慌時，逆勢逢低加碼、耐心等待獲利，在我的多年實際交易過程中屢試不爽，也幫我把整體的投資報酬率再往上提高一些。

當然如果是政策性重大利空，例如復徵證所稅；或是全球性連動的股災，像是民國97年的金融海嘯，諸如此類較為「特例」的原因所造成指數大幅下跌，屬於比較特殊之影響因素，在操作上，我則會更加謹慎面對這種例外的狀況。

指標四、利多頻傳急漲

利空消息頻傳雖然容易造成投資人恐慌，但也代表著投資人警覺性較高。但一則接著一則的利多訊息，一片樂觀的氛圍，反而會使投資人失去戒心大膽追高，促使指數短期間連續急漲。

當盤面因為各項利多消息出爐，像是市場主力想順利出貨，

利用報章媒體連續發布好消息，投資人心理往往會出現過於樂觀情緒，心想不立即追進去買股票，深怕少賺的心態，促使大盤指數短期間內一路向上，出現連續急漲。這裡我所謂的短期間急漲，是指在三個月內指數由波段低點往上漲接近或超過 10%。

對長期投資和波段操作者而言，符合我們「逆向思考，人要我給」的投資觀念。而當出現此種盤勢時，我的操作並不會被當時一則又一則的利多消息所影響，反而會想到這正是一個可以輕鬆減碼，賣到不錯價格、又提高整體投資報酬率的好時機。

在我個人的實際交易經驗中，執行趁「利多急漲時順勢減碼」，降低持股比重，在「利空急跌時逆勢加碼補回」的方式，連續幾次的成功操作，我發現個人的市值總額（股票市值＋手中現金）增值的速度會加快許多。

只要能避開一般投資人「漲時看更高更好，跌時看更低更壞」的錯誤判斷，遠離市場主力所事先設好局的「股市圈套」，經過幾次的穩健逢高減碼，逢低再補回操作，時間拉長後，你將會發現增值效果相當可觀。

至於為什麼在「利空恐慌急挫」時，我是採 3 個月內 -12%，而「利多頻傳急漲」時，我採用 +10%？

主因在於「GOWIN 投資模式」是以「資產穩健增值」為原則，就我實際的交易經驗，如果三個月內指數上漲接近 10%時，我手中以「理財性投資標的和投資性投資標的」所建立而成的「GOWIN 投資組合」，其中有些標的之報酬率會高出 10%許多，所以採取陸續逢高減碼、降低持股的作法，是較符合「穩健報酬」之原則。

至於是不是每次都一定是以 -12%和 +10%為標準，才採取加碼或減碼之行動？其實不一定，仍會配合其他幾項決定因素搭配使用，讓自己的操作方式更為穩健。

指標五、國內經濟景氣變化

經濟景氣有其循環性，代表著一個國家總體性經濟活動的波動，通常是許多經濟活動大約同時發生擴張，隨後發生收縮衰退，又開始復甦之情形，而此波動是不定期的周而復始發生。

因此，在「GOWIN 投資模式」的持股比重考量上，反而可以順應景氣擴張期或衰退期適時調整，利用股價高低位階布局買進或是分批減碼。

　　至於如何得知目前的經濟景氣是處在什麼階段？最簡單的方法是觀察政府官方發布的相關資料，或是民間專業研究機構所做的報告，相關數據會透過新聞或財經相關雜誌定期報導出來提供民眾參考。

　　例如大家耳熟能詳的國內生產毛額（GDP）、景氣對策信號、失業率、製造業採購經理人指數（PMI）、消費者物價指數、生產者物價指數、貨幣供給額……等數據。

　　除了參考以上公開數據資料，我還會實際走訪街頭觀察，其實這點讀者們也可以輕易做到。

　　像是散步看看住家附近的店面生意好不好，是已經拉下鐵門空屋許久，還是店家生意門庭若市；或者觀察房屋仲介公司的宣傳、售屋資訊，觀察售屋物件的多寡與價格上的變化；還有百貨公司人潮與提袋率，是不是除了美食街有人潮，其他樓層門可羅雀，大家都是「逛逛」而已，沒有消費。這些都是平時身邊就能直接觀察到的景氣，也可做為綜合輔助判斷。

　　理論上，景氣好的時候，相對表現在股價上也應該較佳；景氣差的時候，股價相對不好才對。不過，市場上總是有些特定人士會比我們早知道，所以股價常會提前反應，符合市場中「股價

會領先景氣反映」這句話。

　　往往當你看到景氣數據連續轉佳，想加碼買進股票時股價往往已先拉高，直接出手買下去可能會變成套牢一族。當看到新聞播報景氣很差時，想降低持股賣出股票也可能賣不下手，因為股價很可能早已下跌一大段了。我們又該如何因應？

　　通常當我看到整體景氣數據公布轉佳前，股價早已一路往上，市場交投仍熱絡時，就會採取陸續分批減碼降低持股比重策略，因為我在投資上抱持的是「穩健報酬」原則，才不致和一般的投資人一樣，看到股價開始往下跌，就陷入捨不得賣出的陷阱中。

　　反之，當我看到公布的景氣數據不佳時，往往股價也已領先下跌一段，這時我會更用功認真的尋找，市場中是否有符合GOWIN 投資組合中的標的，若有適合的標的，且先前持股比重已降低，就會考慮分批補回一些，但買進股票的速度會放緩。

　　不過，有另外一種狀況是，如果景氣已連續壞了很多年，從許多研究機構所公布的景氣調查結果顯示，才剛露出一線景氣轉佳曙光，不排除是另一個景氣循環開始。

　　此時，股價雖已提前反映從低檔拉高了一段，但站在長期投資角度，我仍會積極尋找符合「理財性投資標的」的股票，因為

這時候市場仍有不少「物美價廉」值得持有的股票，趁股價拉回整理時慢慢分批增加持股比重，長期投資將可創造出未來穩健的投資報酬率。

而循以符合「理財性投資標的及投資性投資標的」所建立的投資組合，再加上參考國內的經濟景氣變化來增減整體的持股比重，也是多年來我在台股能夠保有穩健報酬的方式！

圖 10　股價領先景氣的操作方式

景氣數據不佳	若股價已經「領先」下跌一段了	找出符合理財性投資標的	慢慢分批買進布局
景氣已壞多年，多家研調機構發表景氣將好轉	股價雖已脫離底部，且上漲一些	找出符合理財性投資標的或符合 632 法則的股票	分批買進布局
景氣好轉確定，經濟數據亮麗	若股價已經「領先」下跌一段了	降低持股比重	慢慢分批減碼
景氣已連續好很多年	股價不再創新高價	降低持股比重	分批賣出手中股票

指標六、國際股匯市變化

　　資金無國界，錢總是會往有利可圖的地方流動。投資股票時，除了關心國內的相關訊息外，全球相關資訊也不可忽略，像是有些財經節目上，許多投顧老師大談特談的石油價格大跌、美元指數大漲、避險的國際黃金價格走揚、原物料貴金屬反彈無力……等，會對台股造成什麼樣的漲跌影響。而美元走強，或日圓貶值、人民幣貶值、新台幣走貶……等，又將對某些產業不利。

　　這些訊息都屬於短期且間接的影響，對天天短線交易的投資人或許有用，但是對「長期投資＋波段操作」的投資者來說，留意往上或往下「趨勢已形成」的變化，對以創造穩健報酬的我們來說，才是相對重要。

　　畢竟「GOWIN 投資模式」是著重在長期投資及波段操作上，全球股匯市「趨勢變化」會「領先」透露許多影響台股走勢該注意的現象，所以我比較在意的是如何利用國際間股匯市「趨勢變化」，來做好手中持股現金比重之適當調整，而不是每天去注意歐美股市漲跌幾點，石油、黃金價格漲跌或是原物料行情之跳動情形。

　　與其時時關心國際上各項商品的價格變化，倒不如把時間花在追蹤我們的投資組合（理財性投資和投資性投資）標的，並留意適合布局的進場價位，才是更為正確的作法。

　　一般而言，新台幣在匯市的變化，我會視為是某一段期間國際資金流入或流出國內的參考指標，從長期的角度觀察，新台幣在匯市的升貶變化，幾乎都處在中央銀行的「可控制區間」波動，所以在操作中，是將它視為比較短期性的判斷依據。

　　一時的匯率升貶或國際股市的漲跌變動，在我認為都屬於「間接性、短期性」的，並不是影響長期資產穩健增值的主因，利用「買低賣高、買高賣更高、參加配股配息降低成本之後，再以高過成本價賣出、先高賣低補回、其他交易策略」等方法，才是我所認為屬於「長期性、直接性」的重要獲利因素。

　　經歷民國97年難得一遇的金融海嘯，見識過國際股市大跌「趨勢」之形成，我更加重視「國際重大股市黑天鵝」的影響，這才是真正會影響我在台股投資上，能否達成資產長期穩健增值的一大變數。

　　對我而言，國際局勢之變化是難以預料的，當時金融海嘯席捲全球，各國股市幾乎無一倖免，連美國金融業中頂尖的花旗銀

行都傳出可能倒閉，其股價最低時也跌到剩下一美元左右，讓我對國際性的股市黑天鵝事件更有戒心。自此，我心中牢記「多留意國際股匯市往上或往下之趨勢是否形成」，只有避開大賠，在投資這條路上才能走得更穩更遠。

在這個全球景氣不明確且充滿變數的年代，更得時時提醒自己「股市黑天鵝一直都存在，只是什麼時候出現不知道」，千萬不可為了一時的獲利，就掉以輕心失去投資戒心，面對瞬息萬變的股市，唯有不斷修正和調整，精進自我專業判斷能力，步步為營步步小心，才是維持長期穩健獲利的對策，也是在面對「全球金融變局」時較理想的投資策略。

金融海嘯曾造成我資金大幅縮水五成左右，那次的教訓讓我不斷提醒自己「寧可少賺，也不能大賠！」千萬不可隨市場短期因素起舞，確定「趨勢的變化」才不致再次犯下資金大幅縮水的投資失誤。

我的投資哲學是「錢沒放進你的口袋前，都不算是你的」！尤其是不屬於全球景氣循環復甦的行情，我會隨時提醒自己「小心駛得萬年船，眾人皆醉我須獨醒」！

以上六大指標，是「GOWIN投資模式」在判斷每個不同階段，

衡量「當下適當持股現金比重」的判斷考量依據。我們一再強調，想成為股市中最後的贏家，至少必須做到兩件事：一、建立正確的投資組合；二、適當的持股現金比。

沒有人可以神準的每次都選對股、戰無不敗，即使連股神巴菲特都無此能耐，若只是在意一次又一次短線或拚孤支的短暫勝利，很難成為最後贏家。

按部就班把前面所提的「兩件事」做熟做好，我常說在投資的道路上並不是比誰走得快，而是看誰走得遠，急功近利短期求快，一個不小心反而容易跌倒，一步一步慢慢走穩穩走可以走得更遠更久，更能以輕鬆心情，在無壓力的狀況下，容易到達財務自由目的地。

備註：每個人在做投資時，所能承受的壓力各有不同，在較無壓力下做投資，才能提高勝率，「壓力大」，就不是適合自己的「適當持股現金比」！

投資小提醒

金字塔型布局操作

所謂「金字塔布局」的操作方式,簡單說,就是:

買進時,採正金字塔型買進,分批布局。

賣出時,採倒金字塔型賣出,分批出清。

以一檔股價 20 元的股票為例。

假若我們把所要投資的資金分成 10 等份,可以依價位設定四個價格區間,在此以每個2.5 元為基準。進行正金字塔買進布局時,則表示在 20 元到 17.5 元的這個區間只佔資金的一等份,17.5 元到 15 元這個區間佔兩等份,15 元到 12.5 元這個區間佔三等份,12.5 元以下布局四等份,這樣最大的優勢是當 10 等份的資金全部都布局完成後,整體買進的平均成本相對較低,應該會落在 15 元以下,未來獲利了結後將具有較高的投資報酬率。

反之,所謂的「倒金字塔型操作」,就是在賣出時,以同樣邏輯來規劃手上股票。一樣把所欲賣出的股票分成 10 等份,當有

獲利欲賣出時，股價到了 21 元到 23.5 元這個區間我們先出一等份，23.5 元到 26 元這個區間賣出兩等份，26 元到 28.5 元這個區間再出掉十分之三的部位，28.5 元以上則把剩餘的十分之四的部位都出清。這樣操作下來，所賣出的平均價格相對在比較高檔的價位，應介於 26 至 28.5 元間。

在一買一賣的交易操作過程中，創造出相對較高的投資報酬率。

當然，若是價格較高時，可以調大區間；價格較低時，區間設定相對小些，可以視實際狀況加以調整。

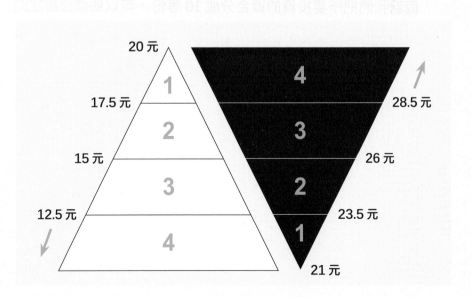

03
天龍第八部：
股票投資小眉角

投資沒有偏方，累積財富不需要奇蹟！

關於「GOWIN 投資模式」中的實戰操作已經告一段落，接下來來到最後一個部分。因為股市是活的，所以在實際操作中，仍有許多其他應該注意的投資眉角，這也是我在天龍第八部要跟讀者分享的個人操作經驗，包括融資追繳斷頭、多家公司輪流實施庫藏股，以及投資的四不一沒有，希望能讓大家在投資路上，資產能夠更為穩健成長。

眉角一、融資追繳斷頭

通常發生融資戶被追繳時，代表所持有股票的股價已經下跌一段，整戶的融資維持率已低於130%。所謂的「整戶擔保維持率」是「融資＋融券」合併計算，但大多數用融資買股的人是看好市場後市，故不會去融券放空股票。

遇到追繳的狀況後會有兩種發展：其一，如果整個盤勢氛圍還可以，對未來行情仍有所期待，不但不會執行停損認賠賣出，還會再拿錢來補繳給券商提高融資維持率，以避免股價再往下跌被券商直接斷頭賣出。其二，則是萬一事與願違，股價持續下跌，仍必須再補繳，一旦不願意再補足差額，就可能進入被券商斷頭

階段。

　　形成券商斷頭階段的整體盤勢氣氛，和一開始追繳時的氛圍可是完全不同！

　　投資人因為未實現虧損金額不斷擴大，會產生恐慌心理，不願意再把錢拿出來追繳，加上利空消息不斷，導致悲觀看壞後市，或擔心未來持續大跌，非但不想再補繳任何金額（也可能是已經沒錢追繳），加上為了避免被券商斷頭賣出，反而會因為恐慌情緒蔓延而殺出手上持股。此舉更進一步加速股價下跌，緊接著各家券商一起執行融資斷頭賣出，形成市場上所謂的「多殺多」！整體盤勢的下跌趨勢，難以抵擋。

　　這種非理性的不正常賣壓，大多是在盤勢連續下殺幾天後，融資餘額大減下，宣洩完畢。

　　所以當市場發生融資追繳時，我的作法首先就是每天晚上查詢一下融資餘額變化的相關資訊，看看每天的融資減了多少。一般而言，減少的金額會比之前券商一開始發出追繳令時，每天所減少的金額多出好幾倍，甚至多達十倍以上。

　　此現象反映出，使用融資的投資人恐慌情緒達到高點。通常我會在這時候進場分批布局，不過並不是隨便買就隨便賺，前提

是符合 GOWIN 投資組合中的「理財性投資」標的，再配合觀察
「大盤上市加權指數的跌幅與大盤融資餘額的減幅」變化狀況，
就我個人的實際操作心得，勝率可再提高許多。

【案例說明】

　　大盤指數 9200 點，大盤融資餘額 1500 億元，經過融資追繳
斷頭指數下跌至 8000 點，而融資餘額剩下 1248 億，計算如下：

指數跌幅：（8000－9200）÷9200×100％＝-13.04％
融資減幅：（1248－1500）÷1500×100％＝-16.80％

　　「融資減幅」16.80％ >「指數跌幅」13.04％，表示大盤指數
已經愈來愈接近落底完成階段。

　　我個人是以上市加權指數市場為主，搭配代表中小型股的上
櫃 OTC 市場，兩者的融資餘額變化一起觀察來提高勝率。

　　出現融資追繳斷頭現象時，假使在連續融資減肥下，融資餘
額的減幅是 16.8％，而大盤指數的跌幅是 13.04％，融資餘額減
幅 16.8％大於指數下跌的幅度 13.04％，兩者的數值差距愈大，
通常表示大盤指數已經愈來愈接近落底完成階段。

此時，很多個股在大跌一段後，股價物美價廉，是可以積極尋寶機會。只要發現符合「理財性投資標的」的各檔股票，我便會一一追蹤其股價走勢變化，透過「相對比較」後，找出未來投報率較理想的標的，開始分批承接列入投資組合中。再配合當下整體的持股現金比重（參閱本書〈適當的持股現金比的六項指標〉第 204 頁），持續布局並維持我的適當持股現金比重。接下來，就是等待整個盤勢反彈的收割時刻到來。根據過去經驗觀察，經常是跌得快，反彈也快。

另外補充說明一下，現在的融資餘額和以前很大的不同，是現在多了很多正向 ETF 和反向 ETF，佔了其中一定比例，在判斷上會比以往的經驗更為複雜，不過整體而言差異性不致太大，過去經驗還是極具參考價值。

眉角二、多家公司輪流實施庫藏股

股價急殺又快又猛，投資人會措手不及。但有時候，盤勢屬於慢慢下跌型態，市場並沒出現所謂的融資追繳斷頭的短期恐慌殺盤狀況，在大家沒什麼太大感覺的慢慢緩跌下，猶如溫水煮青

蛙般。

時間一久，突然發現股價已累積下跌了一大段，很多公司的股價跌到淨值以下，市場將出現一家又一家的公司，宣布實施買回庫藏股，或是大股東個人加碼買進自家公司股票。通常這時候因為股價下跌加上壞消息充斥，市場很容易出現不理性的賣壓，也可能因為股價持續下跌，進而發生融資追繳或斷頭現象。

出現這種狀況時，更突顯投資人已無法理性面對盤勢下跌，甚至可解釋為因心生恐慌，以致不管三七二十一的殺出手中持股。

此時我的作法，與上面融資戶被斷頭的作法大同小異，尋找符合以長線保護短線的理財性投資標的，積極分批布局，買進這些低股價淨值比的公司。這些物美價廉的標的所建構的投資組合，其未來的投資報酬率都令人相當滿意。但是，要特別提醒的是，若只有一兩家公司實施庫藏股政策，則不適用上述作法。

市場如果出現上述狀況，通常表示很多公司的股價出現不理性下跌現象，籌碼將由散戶身上流向以中長期持有為主的法人或公司派手中，這時候分批承接布局也符合我們之前所說的「人棄我取」操作觀念，以長期投資心態布局，耐心等待開花結果，勝算相當大。

舉一反三 Tips！

　　若是「融資增幅」大於「指數漲幅」，該怎麼辦？此時要小心盤勢出現「反轉」的可能。也就是說，短期間盤面或許仍熱力四射，尤其是中小型股的表現活躍，但若融資增幅比指數漲幅差距愈來愈大時，也代表「籌碼面」愈來愈凌亂，一旦反轉，水（融資）能載舟亦能覆舟。

　　盤勢上漲之後，眾多家公司大股東申讓股票，表示連大股東都在逢高減碼，我們應該採取降低持股策略，陸續分批減碼。但如果只是一兩家大股東申讓持股的話，就不符合此論點。

眉角三、GOWIN投資理財的四不一沒有

　　在講述了這麼多的基本觀念與操作模式後，我們再花點時間再次提醒一下「GOWIN 投資理財的四不一沒有」概念。

第一、「不」要相信內線消息

　　在我的投資生涯中，常聽到關於投資的各種消息，不管是來自好友還是很熟的客戶口中，聲稱哪一支股票未來的獲利會成長

幾十趴（%），或是成長一兩倍，股價還會漲到多高……更暗示消息來源是來自公司內部高層。

每當聽到這些消息，許多投資人一開始難免見獵心喜，但是相信本書的讀者們看到現在，應該有所警覺，像我現在只要聽到類似這些內線消息，心中總是充滿質疑。

在股票市場，誰不是想賺別人的錢呢？這種天上掉下來的禮物，那麼好康的事情怎麼會落到自己身上，當然難免會有不少的人天真的信以為真進場買進，結果又是如何呢？

在我身邊的案例，當然有對有錯、有賺有賠，但錯與失敗的機率還是比較高一些，每次賺的價差少，反而虧損的金額比較慘重。或許是因為過於相信所謂的「內線消息」，期待值太高，即使錯了非但沒有即時停損，還繼續往下攤平，持續凹單的結果，就是愈攤愈平直到躺平，直到受不了後認賠殺出。

我記得多年前，曾有一位客戶跑來「偷偷地」跟我說：「大家那麼熟了，我跟你說你千萬不要跟別人說，某某股票有爆發性題材，不久之後即將見報，股價將會大漲狂飆，消息來源是那家公司裡面的誰誰誰。」這位好心的客戶真的開始買進該公司股票，還一再好意提醒我跟著他買，強調會比當營業員辛苦工作的薪水

好上 N 倍。

　　對於客戶的好意我自然心領，但身邊實在太多失敗案例，我心想著，可能又是一隻誤入股市叢林的小白兔。但也只能提醒客戶，內線消息往往都是有心人設下的股市陷阱，千萬要小心。

　　沒想到，這位客戶還是一意孤行，幾乎把所有資金都投入該檔股票。最後，這檔股票並沒有大漲特漲，但狂飆了，卻是往下狂飆，結局是以大賠收場。而這位客戶因為這次慘跌，也經過好一段時間休養生息，才又重回股票市場。

　　大家都懂「天下沒有白吃的午餐」，說穿了，那是屬於某些「上流社會人士」玩的金錢遊戲，不是屬於我們散戶玩的。何況若真的因為「內線消息」而獲利，此種交易行為是觸法的，會有刑責問題，如果投資理財理操作到違反法令去坐牢，倒不如不要投資股票，直接把錢存在銀行就好了，千萬不要以身試法。

第二、「不」要迷信技術分析

　　我曾經在證券投資顧問公司擔任過研究員工作，一直以來都有客戶會問我，相不相信技術分析？

　　「技術分析其實類似統計學概念，是把過去已知的資料經過

計算統計後的數值分析，用來呈現出某些趨勢性，資料本身確實具有參考價值。」我總是這樣回答客戶，但重點在於，我認為大部分的人並不會應用這些技術分析。

有些人學藝不精就開始隨意使用；有些投顧老師、分析師，或是為炒作知名度的投資達（素）人在電視上或利用出書，聲稱用何種技術指標賺到大錢，說得口沫橫飛、天花亂墜，把技術分析說得無所不能，甚至鼓吹投資人只要懂得技術分析，就可以從股市盡情淘金，這樣過於誇大其詞。我認為，大家把技術分析過度神話了。再次強調，「我們是人，在股票市場做人的事就好，不必做神（股神）的事。」

不可否認，我也曾執著甚至迷信於各種技術指標、技術型態、技術線型、波浪理論、黃金切割率、費波南西係數……等技術分析，鑽研多年的實際操作心得是，有時候對了賺到錢，有時候錯了賠了錢，賺賠之間加總起來，績效好像也不是很好，當時直覺是自己學藝不精。

但經過多年的經驗累積，我現在的認知是，既然技術分析類似統計學概念，把時間拉長來看，仍可以觀察出其趨勢走向。雖然技術指標數值、K線型態，仍有可能是市場主力「刻意作價」

出來，但我個人認為，對未來走勢仍具有參考價值。

　　不過，所謂參考價值，並非將技術分析當作唯一的神，這也是我和許多市場投資人都曾犯下一樣的錯，甚至自我感覺良好，以為精通後就可以變股神。過度迷信各種不同學派的技術分析，最終瀟灑走一回，非但沒累積到財富，還浪費了許多時間。

　　大家靜下心仔細想想，如果技術分析這麼神，那些以技術派為圭臬的投顧老師或分析師口袋早就麥克麥克，哪還需要在節目上招收會員？如果只靠技術分析就能在股市長期獲利，也不會聽到股市行情冷清時，有投顧研究員或證券營業員在下班後兼差開計程車或擺地攤了。

　　當然我不能一竿子打翻一船人，畢竟投顧老師、分析師仍是取得國家考試合格證書，有其可信度。只是當某些分析師或投顧老師，也開始上節目當起名嘴，上知天文下知地理，談房市、超跑、星座、戰爭……，更加綜藝化以賺取通告費，這就更令人充滿好奇與問號？一個無法專心本業的人，就像一家企業開始不務正業胡亂投資，如何取信於投資人？

　　事實上，市場上仍有許多戰戰兢兢保持高度職業道德的證券分析師和投顧老師，他們的認真分析總能提供我一些有用的市場

相關資訊，畢竟一個人能夠收集資訊的時間相當有限，善用他們在電視上和財經相關雜誌上提供的資料，如果我們能夠從中正確解讀，可以提高投資勝率。

技術分析是統計學概念，我們可以從其中的變化觀察出未來趨勢走向的「眉角」，但不能當飯吃。請記得，技術分析可以相信，不能迷信！

第三、「不」要人云亦云，盲從明牌

這一點，是我一再苦口婆心告訴客戶與讀者的，絕對不要聽信所謂的「明牌」，但效果總是有限。曾有個客戶對我說過，不貪心的話我進來股市幹嘛，直接把錢放在銀行不就好了。

我想，這確實一語道破許多投資人的心聲，總是期待「時間愈短」能「賺愈多」最好。因此，我總是回答，「在股市中，適時的貪心可以，但不是時時刻刻都該貪心」。隨著每個階段都應該要有不同的「適當持股現金比」，如果你每次都是以全部資金拚孤支，「過於貪心」想要次次短線大賺，很可能白忙一場，並不容易累積到一定的財富。

30 多年來，我的交易筆數至少超過 5 萬筆，根據自己的實務

經驗，從來不信什麼內線消息，但也曾經犯了「人云亦云盲從明牌」的嚴重錯誤。

還記得在民國 104 年之前，我大部分資金早已使用「GOWIN 投資模式」操作，但是在 104 年 1 月時，跟幾位相當熟悉的朋友聊起股市的盤勢變化，朋友提到仔細研究過「良維」（代號 6290）這檔蘋果概念股，未來業績將會大爆發，朋友還曾打電話去公司求證過，獲利大幅成長也沒任何問題。

大家你一言我一語說，這支股票未來每個月的營收可能倍數成長，EPS 會達到 4 元以上，股價一發動很可能會突破歷史高點 59.9 元，從技術面觀察，未來在上檔無壓下，股價將輕鬆越過 60 元、甚至 70 元……等。因為都是信得過的朋友，加上分析不無道理，自己上網查資料也都不假，讓我不由自主地「過於貪心」起來。

當時我心想若如朋友所言，一旦突破 59.9 元歷史高價，投資報酬率將超過七成！沒想到，貪念一起就拋開理性開始布局分批承接，愈跌愈買，結果當年 8 月發生股災，股價一路下跌！接著很多公司宣布實施買回庫藏股，「良維」也是其中一家，但股價仍跌到 16.25 元才止跌。

那次我確實犯下人云亦云盲從明牌的另一種股市陷阱，所幸

自己絕大部分的資金是按照自己「GOWIN 投資模式」操作，分散在數檔符合「理財性投資標的」，建立了較為安全的投資組合，否則如果是跟以前一樣拚孤支的話，一定又再斷手斷腳一次，幸好也做了適當持股現金比之資金配置，才得以在跌到 20 元以下時仍有子彈繼續承接，把平均成本適時降低，最後才能反敗為勝，以小賺獲利出場。

經過多次的明牌嚴重套牢洗禮，更能體會一般投資人的心理，如今我已經痛定思痛，放棄相信明牌，雖然它以前也曾經讓我嚐到賺錢滋味，不過經過自己統計分析後，跟前面說的想靠「內線消息」賺大錢一樣，其實有賺有賠，但最終仍無法真正把錢累積下來，況且明牌來源眾說紛紜，根本無從分辨查證，對獲利累積來說根本不具穩定性，萬一「明牌變成冥牌」，那就真的無語問蒼天。

相信明牌，是為了想在短期間賺錢，但結果往往變成住進高檔套房好幾年，短期變長期，資金全部卡住，就算市場出現有獲利機會的好標的，資金也是卡在明牌上動彈不得，只能眼睜睜看著大好機會從身邊流失。

乍看之下相去不多，但如果仔細一算，這樣一賺一賠之間的

來回差額其實不少，就像在「GOWIN 投資模式」中提過「避開大跌」意思一樣。一次誤信明牌或是大賠的代價，將得花更多倍心力才能彌補。

第四、「不」要融資槓桿操作

長期以來，因為營業員工作關係，我維持閱讀財經相關書籍習慣，尤其是和投資有關的書，參考各家好手的投資心得，來提升自我投資專業能力。

近期我注意到市面上有很多投資素人出書，宣稱如何利用融資交易透過財務槓桿操作，在期貨選擇權大賺特賺，或在某檔股票最低價幾塊錢時買進幾十張幾百張，漲到多少錢時以多少錢賣出。如果是用一般的現股操作賺 30%，而他們是運用融資操作所以實際獲利可以提升到 75%，又有哪支股票一賺就是 2 倍或 3 倍！

如此的獲利率與投資表現，乍看確實令人心動不已，撇開這種操作模式能否複製不說，身為「GOWIN 投資模式」的力行者，我必須告訴讀者們，這樣的「投資天才」實在可遇不可求，在我過去的經歷中，這種人少之又少，反而是因此夫妻失和、賠掉家產的人多。

約在民國 95 年時，有位客戶手中大約 50 萬元現金，原本都是以現股買賣操作，在行情不錯下慢慢賺到錢，愈操作愈有心得。貪婪之心油然而起，決定開信用戶使用融資交易買賣，想要大展身手一番，加快賺錢速度。

客戶從事融資交易後愈做愈短線，有賺有賠小輸小贏。有一天，他找我喝咖啡、聊股票，當時他關注的是「潤泰建設」，現已改名潤泰新（代號 9945）。

一開始，他在 96 年 3 月買進 25 元 10 張，股價緩步往上再加碼 10 張，走勢如他原先預期就繼續加碼買進。

我記得他手上資金大約 70 多萬而已，怎麼有錢一直加碼？於是關心一下。沒想到客戶要我不用擔心，直到有天他才告訴我，已經把名下房子拿去向銀行借了 500 萬元，準備好好大賺一票！雖然我當下說出擔憂與提醒，但他怎麼也不肯回頭，甚至還鼓勵我也可以進場買進。

行情果真如他預期，他也一路買進，三個月後股價來到 30 元左右仍繼續向上，之後漲勢加速，至 35 元時，他堅持要繼續等到 40 元才賣出。直到 96 年 8 月，股價突破 39 元還是繼續往上。佩服之餘，我也提醒他已經接近目標價了，要不要開始分批賣出，

因為如果 40 元全數出清，還掉銀行的 500 萬元借款後，身上還可多出好幾百萬。

只是當時股價持續強勢，客戶認為，40 元太便宜，決定 50 元再出。之後股價來到 41.2 元時開始往下回檔，他不但沒有賣出實現獲利，仍持續堅持看好會到 50 元，在股價跌破 40 元時繼續買進，破 39、38 元持續加碼。

我覺得有些奇怪，問了客戶，原來他說服親朋好友又集資了一些資金。或許是之前的走勢他都是看對，讓他產生絕不會錯的想法，所以才會集資更積極投入買進。

但事與願違，股價從 41、40、39、38、37、36、35 元一路回檔往下，一波修正到 20.9 元，才止跌反彈到 39.4 元，接著碰到 97 年全球金融海嘯再一波下跌到 11.4 元。海嘯過後，隔年 10 月才正式突破之前 41.2 元高點到 43.95 元，經過再次整理修正完成，在 99 年 4 月正式突破他之前看好的 50 元大關到 55.5 元。

看對行情，股價也到原先所預期之目標價，相信大家都以為，這位客戶應該已經發大財了。但是，結局並非如此！

因為這位客戶是用融資買進，當股價下跌到 31 元時開始被追繳，隨著股價一路下跌，就一路被追繳，到處調錢又害親友投入

的資金血本無歸，內心壓力之大可想而知。最後還因為調不到錢補足追繳金額，被迫認賠全部殺出，拿回來的錢連還銀行借款都不夠，從大賺幾百萬到大賠出場，這一來一回的差額相差近千萬！

這一堂融資交易的課程價值何止千萬，賠了錢、輸了自信，也輸掉原有的家人朋友相處關係。

如果當時客戶是使用現股操作，沒有融資追繳的壓力，抱久一點50元或許真的被他賣到，將是一個大獲全勝的股市贏家，但他選擇用融資拚孤支的結果，縱然看對了行情，最後卻是慘敗收場元氣大傷，發生我們前面所說「10＜1」的大賠結局。

大家應該聽過「有量有價，沒量就沒價」這句話。成交量逐漸擴增，有利股市上漲，對使用融資操作的人來說，是比較容易賺到短線的錢。不過，市場主力最喜歡砍殺、追殺的頭號對象，就是這群習慣融資操作的人，主力精於籌碼之計算，等待適當時機出現時，毫不遲疑痛宰融資戶，不管你是直接向券商融資借錢買股或是拿房子跟銀行質設抵押貸款買股者，在面對空間（股價下跌）及時間（券商融資買股有期限，一次最長一年半即須賣出或透過同時一買一賣的操作才能繼續持有該檔標的）、利息⋯⋯等各種不同壓力下，通常最終的結果都是受傷慘重，恐怕一個慘

字尚不足以形容。

「沒有」一夕致富這件事

前文舉例的客戶，大賺一倍後尚不知足，仍覺得賺不夠多，不願先將獲利放入口袋，堅持一次就發大財的心理，幻想一夕致富的美夢，結果呢？美夢變成惡夢，輸了錢財、夫妻關係財、也丟了親朋好友財⋯⋯全盤皆輸。幸好這位客戶生性樂觀，要不然走上絕路的話，不就連整個家庭都毀了，相信大家在媒體也常看到類似這樣的新聞。

在股票市場鑽研和實戰多年後，所得到的心得和深切體悟是：「投資，真的沒有一夕致富這件事」，只能按部就班靠自身努力，不斷學習專業知識、累積實戰心得、經過一再修正與調整，獲得一套適合自己的正確投資模式，一步一步踏實前進，才能穩健達成財務自由。

即使是股神巴菲特，提到自己成功最重要的關鍵，並不是他的選股能力，而是能夠堅持長期的投資。因此，如果你還在尋找那種一夕致富的法寶，我會勸你直接去買大樂透比較實際一些，一旦中獎就馬上躋身億萬富翁行列，沒中獎也算有貢獻做公益，

不必浪費時間在研究投資股票。

在投資理財路上，千萬不要心存僥倖和幻想，走得快不見得會先到達終點，快並不是最為重要的，因為跑愈快也愈容易跌倒，如何讓自己走得穩、走得久、走得遠才是真正最重要的，就算是一步一步慢慢走慢慢走，最後也會到達目的地。

在股市中，比的是誰的氣長，你走得沒人家快但你的氣比別人長，你仍可能成為股市中那個最後的贏家。

我們再複習一下：

股市的「勝利方程式」＝自有資金＋長期投資心態
＋正確投資組合＋適當持股現金比重＝股市贏家

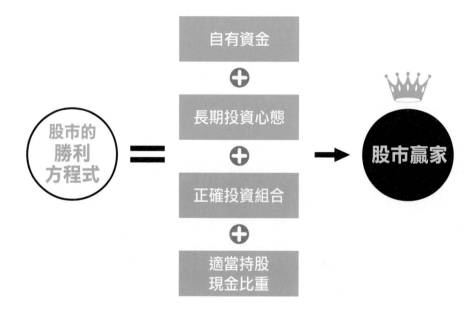

投資小提醒

別跟著外資起舞

　　大家常常看到外資在現貨、期貨、選擇權作多，在台灣五十反一這類 ETF 做空，看起來就是全面性的強力做多？

　　我的看法並非如此，外資可以在現貨、期貨、選擇權作多，在台灣五十反一這類 ETF 做空，他們也可以在借券市場借券賣出，做好各方面的套利和避險動作，你我一般散戶行嗎？

　　當然不行！因為，我們的子彈（資金）有限，其次，我們也沒有能力對這些具有互相關連性的不同商品，精算出正確的套利與避險部位。

　　儘管如此，只要理性面對盤勢變化，再加上一些耐心，等到他們的「短期目標達陣完成使命」後，就是資金派對散場時，或許到時候就是我們從容布局的較佳時機。

Note

_____ / / _____

4

GOWIN
理財商談室

01

QA篇

GO WIN

G在前述章節中，我已經分享「GOWIN投資模式」的完整概念。從基本的投資心理到實務演練，即使至今，我仍經常重新翻看檢討自己的投資理論，是否有需要更精進或補遺，也希望大家在投資時候，不忘提醒自己！

這些年來，我樂於分享「GOWIN投資模式」，身邊有不少朋友、網友，或是演講中的聽眾，也紛紛就實際操作上提問，問題大同小異，我想，這也應該是讀者們可能遇上的問題，接下來就花點篇幅一一說明這些疑問。文中還特別收錄了我曾為小資族、上班族與銀髮族投資健檢案例，希望能提供更多讀者參考。

Q1. 理財先理心，投資亦同

在股市中征戰，無非想要累積到財富目標，而非在 10 年或是 20 年後，回頭一看，才深刻體悟到「忙、盲、茫」股海惡夢一場。落實「GOWIN 投資模式」，做好「淨、靜、勁」真的有其必要。

因此，無論是正要準備進場的股市新手，或已經打滾多年的老手，我還是要不斷提醒，理財先理心的重要性。只有做好「淨、靜、勁」，才不會「忙、盲、茫」。

「淨」：堅持一套適合自己的投資模式

我的投資路一開始也是懵懵懂懂、莽莽撞撞，執著在技術分析研究和精算籌碼變化上面，每天在股市裡追捧強勢明星股、追漲殺跌、追高殺低、賺快錢想要一夕致富。經過多年來營業員歷練與第一線接單的所見所聞，以及自己真槍實彈的拚搏教訓，才知道想成為無役不勝的股神，並非自己能力所及，逐漸遠離當年的癡心妄想心態。

所幸，經過不斷鑽研與測試，研究出一套適合自己的投資心法──「GOWIN 投資模式」！儘管曾有些年度整體投資報酬率輸

給大盤漲幅，甚至有時候「市值總額」的增幅，也較往年平均投資報酬來得低，但並沒有影響到自己的操作節奏，也清楚原因是堅持「低持股比重」所致，隨時隨地提醒自己，在投資市場中奮戰，永遠必須記住的一件事：「風險」！才能在投資這條道路上走得更加穩健。

「靜」：心如止水有定性

在千變萬化的盤勢中，每天總有一些強勢股票吸引著我們的目光，加上媒體上的投顧老師說得口沫橫飛，讓我們意亂情迷，拋棄自己原來的投資方向和投資標的。

股票市場中總是賠錢的人多而賺錢的人少，充滿悲觀氛圍時，大家因股價下跌而害怕紛紛離場；樂觀的時候，大家反而把資金大量投入，失去原本該有的戒心。

身邊太多在股市投資失敗的案例，也讓擁有同樣經驗的我，更能感同身受。這些失敗課教我的是，對股市該有的「定性」，也更加了解投資時，必須保持不疾不徐、不慌不忙的心態，「從容的進場與出場，動（操作）靜（觀望）皆美，才能成為最後的贏家」。

「勁」：穩健往財務目標衝刺

流連在數字不停跳動的股市中，計算每天賺多少或賠多少，很容易迷失自己，也會忘了投資的初衷。

不斷有客戶或朋友問我是否相信技術分析，究竟技術分析可不可信？我總是重複回答，對我而言，技術分析就像是一個「統計學」的概念，「可以相信，不能迷信」！

如果極其執迷於技術分析，光是技術指標就有一、兩百種以上，除了技術指標外，還有各種線型變化、道氏理論、黃金分割率……等等，每種技術指標都有其盲點，所有指標都要學到透徹並不容易。最重要是，股市是活的，無法每次都能神準進場、出場，最後還是難逃「10 ＜ 1」重傷害的命運，而這也是我的過去經驗。

試想，看到一路上漲的股票開始下跌，線型轉差、技術指標轉為弱勢，看它不順眼而「融券放空」它，卻反而被「軋空」補到更高價位……，因為市場主力比你我更會看線（PS. 線型往往可能是主力所做出來的），當股價開始反彈告訴你該壯士斷腕補回時，投資人常伴隨出現「腳麻去」或「下不了手」現象，最後導致大幅虧損。

因此，持之以恆，堅持一套適合的投資模式，並記住自己的投資初衷一步一步資產增值，穩健地從平步到青雲，你會發現更有勁道，愈來愈往財務自由的目標靠近。

Q2.看盤也要簡單又輕鬆

我的投資理財原則，總是力求簡單輕鬆。尤其「GOWIN 投資模式」就是強調長期穩健，不需要短期殺進殺出，更不用一顆心跟著指數上上下下，給自己太大壓力。

曾有朋友問我，看盤操作股票總共需要幾台電腦，是不是需要多幾台螢幕同時監控？朋友說，他有一位朋友光是看盤的電腦螢幕就有七、八台！

我回答，「只用一台電腦看盤。」

朋友驚訝地說：「怎麼可能？」

三、五台螢幕監控，不累嗎？

事實上，我真的只用「一台」螢幕在看盤下單，而且如果出門在外，還只用券商所提供的免費看盤 APP，即使要看一些相關

財經網站輔助，也都沒有使用付費軟體看盤尋找未來潛力股（黑馬股）。

投資其實是一件很複雜的工程，光是要專注在投資標的，做好功課就得花費不少精神，因此，其他部分我盡量簡單化，甚至變成適合自己的單一模式化，化繁為簡、遵守紀律、徹底執行進而提高勝率。

再者，畢竟「GOWIN 投資模式」是以「長期投資＋波段操作」為主，用 EXCEL 投資檢核表和 632 法則選股，配合一整套穩健操作的投資模式，根本不需要整天盯盤。平時就用「券商提供的免費看盤下單系統」；如果要看收盤後當天的個股進出表，通常我是用「Yahoo! 股市」或是券商盤後系統中的個股買賣超進出表。

我想，需要三、五台，或更多台電腦螢幕盯盤，是深怕差一秒或是差一檔價位都會錯失賺錢良機，這應該是屬於短線或極短線進出投資人的需求，不過這類型的「最後贏家」總是少之又少。想成為這種贏家，就算真的賺到錢，長期累積下來的螢幕光害，日後可能還會把眼睛給搞壞了，恐怕更是得不償失啊！

像我現在簡簡單單只用一台電腦看盤下單，運用適合自己的「GOWIN 投資模式」穩健操作增值資產，輕鬆自在何樂而不為。

至於我經常查詢觀看相關理財網站，還有關於核心持股「EXCEL 投資檢核表」中的相關資料應該從哪些網站查詢？

我想，讀者們可以先追蹤我的部落格「GOWIN 的投資記事本 Go, Win!」與臉書「古意 Gowin- 談股論今」外。一般的股市相關資訊查詢，例如，三大法人買賣超、融資融券餘額變化、平均線、技術指標、公司每季獲利、每年配股配息、券商研究報告……等等相關訊息，建議可以看以下的網站：

理財網站	特色
聚財網（wearn.com）	查看外資、投信、自營商的買賣超。每年的配股配息，每年、每季的獲利、營益率……相關財務資料；當日融資券增減排名。
鉅亨網（cnyes.com）	國內外股市訊息、個股或財經相關研究報告。
台灣股票資訊網（goodinfo.tw）	大股東和董監事持股情形，千張以上持股比重等。
玩股網（wantgoo.com）	台股的期貨盤後即時盤。
愛玩股（www.istock.tw）	可查看大盤融資維持率數值……各項指標數值。
台灣證券交易所（www.twse.com.tw）證券櫃檯買賣中心（www.tpex.org.tw）	查詢最正確的上市櫃公司財務報表數字。

相信名嘴老師，不如相信自己

如果是一般投資人，以上這些財經網站都已經將重要的相關股市訊息整理更新，我認為就已經相當足夠，只要能養成定期查看的習慣，相信經過一段時日之後，你會對自己所留意的標的愈來愈熟悉，所累積的股票相關知識必定大躍進。如果有心鑽研更多投資理財資訊的讀者，《工商時報》和《經濟日報》等財經報紙以及市面上幾本財經相關雜誌，也是屬於必備作業。

但是，還是要提醒一下讀者，這許多財經相關網站中，只是我的資料庫、研究員，其中難免有些「名人」文章和「股票課程」，這些我可是敬謝不敏的。

我的簡單投資原則，也實踐在另一件事情上，就是進股市多年，我不曾參加股東會或是一些公司的法人說明會。

因為我認為，現在的媒體資訊很發達，還可以做到即時新聞、直播，因此，當公司開完股東會或法人說明會後，就可以上網查到會中的相關資訊。包括公司的財務相關數據也都會詳載，所以我不會多花時間參加股東會或法人說明會。

不過，我會針對會後結論或把相關資訊的「重點內容」整理出來，並記起來放入腦海中，加深印象。讀者也可以試試，只要

日積月累整理這些相關資訊，記錄一段時間後，便會對更多公司愈來愈熟悉，日後持續追蹤，也可列入長期投資組合標的當中。

這些日常的投資功課，不能輕忽。記得，一定要相信自己，而非聽信股市名嘴老師的三五句話，認為自己就會成為股市贏家。

只有按部就班，一步一步加強自己的投資功力、強化心理素質，再加上具備一定的投資耐心，這才會是成為股市贏家的正途。

Q3.獨鍾台股，只因為……

網路拉近了全球各地的距離，也讓投資變得更簡單操作，且容易親近。人在台灣，想要投資各國股市，透過各家金控旗下銀行和券商的相關服務，如今都不是難事。先前曾有不少人瘋投資人民幣，到當地開戶；也有不少身邊朋友開始投資美股、歐股、港股、陸股，或是其他國家的股市。

但是，我始終只對台股執迷不悔。有些投資陸股朋友的說法是，台股基期已不算低，為什麼我沒有想到「分散風險」這件事，分散一些資金轉到其他國際股市去呢？

其實我的理由很簡單，因為我在台股的投資經歷 30 年了，相

較於世界各國的股市，「我比較熟悉台股」！

不管美股、陸股，不熟的不碰

這又再次呼應了我的「簡單投資」原則，還有「GOWIN 投資模式」一再強調「不熟的不碰」這個觀念。而且對我而言，貿然投資外國股市存在著兩種風險：其一是我對其他國家的市場既不夠熟悉，連當地交易的遊戲規則、相關稅務、語言、投資人的投資投機文化……都不是很了解，貿然把資金投入這些自己不熟悉的市場，就是一種投資風險；至於另一個風險，就是「匯率風險」。

我所力行的投資模式在台股已測試多年，雖然談不上戰績輝煌卻相當穩健，投報率也可以接受，所以我的資金依舊會「頑固」地鍾情於台灣股市。我自認投資台股有三大優勢：

優勢一、開戶方便：券商總分公司遍布全國，住家附近或是工作地點附近應該都找得到，而且開戶手續也不麻煩，相對比起開國外的股票帳戶簡單許多。

優勢二、幣值風險低：台股幣值是新台幣，而開立國外戶頭所用的幣值可能是美金、港幣、人民幣、歐元……等，有可能產生「外匯」上的風險。

優勢三、相關資訊查詢容易：畢竟中文就是我們最熟悉的語言文字，即使投資陸股，雖然簡體字可以看懂，但是對岸資訊較為封閉，不如台灣的開放；若是投資美股，相關資訊都是英文，並不是大家的英文都好到可以閱讀這麼多的投資資訊，遑論還有時差問題要克服。

每個投資人的需求與背景不同，對我來說，台股的這三大優勢就夠了。何況如果我們連自己置身的「台灣股市」都無法站穩，或是讓資金有效增值，那投資在其他的股市可能更像是茫茫大海中的一艘小船，恐怕連正確航行的方向在哪都難以捉摸。

理財，本來就端視個人的需求與整體規劃，例如我的物質慾望相較低，所以達到財務自由算是比一般人單純容易些，本身除了房地產的資產配置之外，其餘的資金在台股中的穩健增值，對我來說已經足夠。

若是有些人口袋更深，資產動輒好幾個億以上，而把部分資金配置在各國的股市或是投資在各類的金融商品上，以達到更完善與健全的資產配置，當然就 OK。

但原則上，我還是一句老話，對自己所不熟悉的商品或市場，就不要碰，無論資金是多或少。

Q4. 跟股票都不熟，怎麼辦？

面對不同的客戶與投資人，大家的問題總是五花八門，有些對投資有興趣，卻剛踏入股市不久的新鮮人、小資族，對於我的投資模式深表認同，但是，卻又不知該從何下手？

茫茫股海，我強調「不熟的不碰」，但是這些新手們更不約而同反問，「都不熟，那怎麼辦？怎麼開始選股？」

看得出來在這波萬點熱潮下，把錢放在銀行的微利，大家都顯得有點急躁。對於這些問題，通常我會建議，那就從「低價金融股」開始長期投資吧！

低價金融股最好入手

之所以建議由「金融股」入手，主因在於金融股的股價表現，這麼多年來一直處於穩定狀況，而且是政府特許保護的產業，所以如果跟近 2000 檔股票都不熟的話，又不想把錢放在銀行裡，那就從「低價的金融股」開始著手。

106 年，我曾以「金融股」為例，提出當時價位處於相對低基期位階，以 10 幾塊這種低價的股票做為投資標的，進可攻退可守，

隨著時間一張一張分批慢慢買進，一張一萬多元也不會造成生活上太大的資金壓力，最大的好處是可以逢低分批慢慢買進存股，以獲取超過銀行利息的報酬。也不會像買高價股時，買了兩、三次而已，手邊的資金就所剩不多，有時候容易造成生活上的資金壓力，無法做到分批買進、降低平均成本的目的。

所以，跟股票不熟的新手們，可以先從關注「低價金融股」開始。至於如何一步一步培養感情？方法其實不難，就是開始追蹤觀察長期股價變化，再查詢一下該公司基本資料，每年的獲利穩不穩定，配股配息狀況，每個月十日前公布的 EPS 成長或衰退，日積月累幾年下來，就會愈來愈熟，最後自然而然就會變成老朋友、好朋友。

想在股票市場長期穩健獲利，真的沒有捷徑，必須有一套可以遵循的投資模式，再經過自己親力親為長時間的修正、調整、反覆驗證，獲取寶貴的實戰經驗，進而找出一套最適合自己的操作模式，必定遠勝過到處打聽明牌。

所以，別再說跟股票不熟了。

Q5.存股好，還是存基金？

「存股」近幾年來蔚為風潮，靠存股每年坐領百萬股息，甚至滾出千萬身價……各種聳動誘人的標題，在投資理財素人、達人的帶動下，儼然是低利率時代、小資族或退休族的投資最佳選項之一。

畢竟過去「玩股票」給人的印象，像是賭博，風險高；如果能夠「存股」穩穩賺，又能比過去「存基金」的投資報酬率更高，乍聽之下，也讓不少人心動，如果用「存基金」方式來取代「存股」，會不會比較可行或安全？

其實，我個人對「基金」的印象並不佳，長期以來，透過與客戶的互動中，談到他們投資基金的經驗，以及我自己親身投資基金經驗來看，由於基金牽涉的範圍太廣，對我而言過於複雜，也可說是我學藝不夠精。

尤其運用自己投資模式找出的「GOWIN 投資組合」中的「理財性投資標的」，創造出自己可接受之投資報酬率。所以，**對我個人而言，「存股，或是存基金」？我會選擇「存股」！**

相較於股票，我對基金並不熟悉。所以，要利用「存基金」

把每年收益做為未來的退休年金，並不在我的考慮之內。畢竟，把錢投入自己不熟悉的任何商品，本身就是一種風險。當然，有些人對投資基金已經擁有多年經驗，對所投資的市場或是商品，以及基金的漲跌循環有深入研究，那當然另當別論。

股票指數型「基金」也是選項

換個角度來說，真要「存基金」，我倒是會考慮另一種模式的基金，也就是股票指數型基金，俗稱 ETF，把 0050、0056、0055 列入投資標的。

所以到底要存股，或存基金，我想是見仁見智，只要能夠持之以恆都很好。最重要是，端看自己對股票或基金何種投資標的較為熟悉！當然，也可以用理財規劃方式去思考，存股和存基金同時進行。

Q6. 努力盡力，而不是用盡全力

進股市買賣股票，幾乎每個人一開始的目的都是為了「賺錢、發大財」，我也是。但想在爾虞我詐的股市中「賺到錢」談何容

易？更何況要發大財（累積成一大筆錢），更是沒有那麼容易。

　　從我當營業員開始所看到的例子，能夠成功「發財」的人真是不多，大部分的人最後都是淪為輸家，尤其是使用融資財務槓桿操作的人，輸一屁股、賠掉家庭和樂者更是不少。

股市只是一場遊戲一場夢？

　　我進股市交易至今，細數曾經操作過的股票少說也有 200 檔以上，大都是集中在入市的前 10 年，多是看到報章雜誌推薦，或聽別人提到某一支股票可能會飆漲，就抱著短期致富發財夢的心態，二話不說立馬「集中火力」，「拚孤支」殺進去，把所有資金押在某一檔股票，天天搶進殺出。結局不必多說，就是跟大部分的輸家投資人一樣，把身上的錢送進市場主力的口袋內。

　　當時覺得自己比一般人認真，一方面努力工作賺錢儲存更多股市交易的本金，一方面花更多時間和精力閱讀投資相關書籍以及聽演講努力鑽研股票。我幾乎整天都與股票為伍，每天花那麼多時間鑽研，怎麼可能賺不到錢，甚至累積一桶金？

　　在股市打滾多年，最後只是空笑夢一場，始終累積不到一筆錢，分析原因有幾：一、拚孤支，沒有建立適合自己的投資組合；

二、用所有資金操作，甚至用融資擴大操作，完全沒有做好資金配置，沒有做好風險分散這件投資過程中的大事，所以賺到錢後累積的速度遠不及一次賠掉的錢。

如果沒清楚認知以上幾點，一再用盡全力拚孤支（show hand 一檔股票）的結果會有兩種：第一種是運氣好真正賺到了一大筆錢，但畢竟這是少數中的少數；大部分人都是運氣背的那一種，賺了三次、四次卻抵不過一次的大賠，終究犯下「10＜1」的重傷害，當然無法累積到心中期待的那一桶金，以前的我就屬於這一種類型。

輸家與贏家

有了自身的慘痛教訓，也看過許多客戶的起起落落後，我終於明白股市不可能永遠只漲不跌，也不會只跌不漲，它本來就是一場多和空、漲與跌的循環，經過多次調整修正，保持投資耐性在空和跌的時候分批逢低買進，在多和漲的時候逢高獲利了結，才幸運地由輸家一步一步積累到數桶金成為贏家。

如果在投資方面有幸能成為贏家，人生應該也要成為贏家。

回顧這麼多年的營業員生涯，花費了太多心力在鑽研股票，

甚至用盡所有氣力想達成「賺錢」目的，加上每天擔心害怕客戶
賠錢，常常把自己搞到精疲力竭，就算賺到錢也是身心俱疲，離
「快樂」這兩個字愈來愈遠，這樣的結果，人不生病才怪。

　　人的一生中能做該做的事情還有很多，凡事應該是享受過程、
樂在其中、努力盡力去做就好，而不是用盡所有的氣力把自己搞
到心力交瘁而離健康愈來愈遠。

　　所以，我開始明白，應該適度放緩腳步，賺到錢也要照顧好
自己的身心健康，才有餘力幫助他人，也才能走得更穩更遠。

Q7.人比人氣死人，要比就跟自己比！

　　我曾到醒吾科技大學與同學們進行投資分享，看到莘莘學子
們能夠在求學階段，遇到一位財經專業的好老師（呂慧芬老師），
帶領同學提早接觸投資理財領域，備感欣慰。

　　年輕就是同學們最大的本錢，我當天分享何謂「72 法則」，
期許大家出社會後，隨著時間與經驗累積，加強自身專業能力提
升薪資，並善用「GOWIN 投資模式」利用時間複利效果創造未
來穩健增值……，就能比同年齡的人更早跨出成功的第一步。

這些分享，也讓我想起以前的年輕往事。

自己剛當營業員時候，也只是個 20 多歲的「年輕人」，當時每天短線交易搶進殺出，並沒有任何「老師」告訴我何謂正確的投資模式，懵懵懂懂靠一己之力，在股票市場努力摸索打拚，一年一年過去，覺得自己投入相當多的時間鑽研股票，加上做對的交易總是比做錯的次數多，久而久之常常自以為是，自以為自己很厲害，盤勢的方向可以掌握得很精確。

所以總是會有客戶說我太過於「自負」，當他們這麼說的時候，我不假思索馬上回答說我這是「自信」！

客戶說這哪是自信，根本就是太臭屁、太自負了！

當時的我年輕氣盛，總是喜歡跟客戶爭辯，想要爭出個所謂的「事實或真理」，現在回想起來當時真是有夠幼稚。

跟他人比較，真的沒必要

近幾年來，我才慢慢體會，在股票市場上征戰，根本不需要跟任何人「爭辯」和「比較」，因為交易不可能永遠都是對的（賺錢），對錯總是輪流交替，不必追求每次都是對的，畢竟那是神的境界，只要賺的錢比賠的錢多，日積月累下來錢變得愈來愈多

就會是股市贏家。

做對交易賺到錢時，謹守「勝不驕」，驕者必敗；做錯交易賠錢時，記住「敗不餒」，找出錯誤之處再加以調整修正，投資功力必能大增。

勤於跟他人「相互比較」，其實沒有必要，不但不會讓自己的錢變多，只是浪費更多無謂的氣力和心力。何必呢？人比人氣死人！只要專注在自己透過交易，有沒有保持資產增值，口袋裡的錢有沒有持續增多，這個對「財務自由」來說才更重要。

跟別人比來比去，或爭辯股市行情所謂的「真理」，一點意義都沒有。只有努力達到財務自由目標之後，行有餘力幫助別人享受助人為快樂之本，心裡才能真踏實。

投資市場，不與人爭，要比就跟自己比就好。

Q8.做主力的玩具，還是自己的主人

「回憶過去，痛苦的相思忘不了，為何你還來撥動我心跳，愛你怎麼能了，今夜的你應該明瞭，緣難了，情難了……」聽著這首〈新不了情〉，更讓人有感而發。

　　我憶起一開始進入股票市場，當時每個月薪水 17K 左右，扣除生活開銷後，能存下來的錢所剩不多，抱著初生之犢不畏虎的心態都是以「短線、拚孤支」為主，運氣還不錯總是賺多於賠，完全沉浸在一次又一次的短線交易中，盡情享受每一筆買賣交易的「過程」。持續小有斬獲一段時日後，貪念一起再起，就慫恿媽媽把辛苦工作存在銀行的錢拿出來做股票，還「使用融資拚孤支」操作，不止投機甚至是在賭博，日復一日「享受過程」。

　　我的同學們努力上班工作，賺錢儲蓄到人生第一桶金，而我則是完全沉溺在短線投機交易「享受過程」，就這樣在不知不覺中，一步一步地把人生的第一個一百萬繳學費給了股票市場主力，把媽媽辛辛苦苦省吃儉用存下來的錢在股市中蒸發不見（賠掉），才漸漸清醒。

找到自己的投資之道

　　回想起那段歲月，還真是「回憶過去，痛苦的相思忘不了，為何你還來撥動我心跳，愛你怎麼能了，今夜的你應該明瞭，緣難了，情難了……」。

　　當時有恃無恐地「短線拚孤支」和「天天融資券短沖交易」

的「享受過程」，就像是一個主力手中把玩的「玩具」，當主力今天想讓你贏你就贏；他想讓你輸你就是輸，你的賺錢賠錢幾乎都掌握在主力的手裡，有如他的「玩具」一般，在股票市場中完完全全失去自主判斷權，一再扮演別人玩具的角色。

近幾年，我自創穩健投資的「GOWIN 投資模式」，以「長線保護短線心態選股」、「長期投資＋波段操作」、「建立投資組合」、「配合適當持股比重」做為投資主軸，雖然沒有過去的「精彩交易過程」，但就算當盤勢出現突如其來的變化，也較能用處變不驚理性的心態以不變應萬變。

在爾虞我詐的股票市場，自己從初入股市「有恃無恐」拚孤支搶短的有勇無謀者（主力的玩具），華麗轉身為「有事無恐」游刃有餘悠遊於股海做自己的主人。

以前我是別人的玩具，而現在運用「GOWIN 投資模式」穩步投資操作，股票市場對我而言已經變成一部「ATM（提款機）」，因為它讓我的股市操作資金逐年穩健增值。

在股票市場中，如果「結果」並無法累積到一定財富，不論交易的「享受過程」再精彩，也是徒勞一場，當然若是你的目的只是著重在交易的快感，而不是創造財富積累，那就另當別論。

有了穩健增值「GOWIN 投資模式」的我，現在「寧願花一些等待時間、略顯無聊的交易過程，卻能累積到一定財富」，選擇這樣的慢活投資方式，也不會再回到過去那個快活「享受過程（熱衷一筆接著一筆立即知道輸贏賭博式交易）」的我。

朋友，那你呢？會選擇做自己的主人，還是繼續成為主力的玩具？

Q9.多少錢才是「合理價」？

當進入股市略知一二，或是有些用功、謹慎的投資人，想要下單前總會猶豫再三，到底某某股票現在的價格算是「合理價」嗎？市面上許多投資達人算出所謂的「合理價」真的合理嗎？

首先，在我認為，如果市場有共識所謂的「合理價」，有誰願意追高去買進、殺低賣出？想像一下，這樣的結果將在股票市場帶來的巨大影響，很多個股的成交量會大幅萎縮，甚至可能大部分的股票每天的交易張數都只有個位數，變成殭屍股沒人想要交易。股票市場如同一灘死水，企業籌資不易，「股市是經濟櫥窗」的功能將會蕩然無存。

或者換句話說，每個投資者心中所謂的「合理價」應該都不盡相同。善於此道且最成功的投資者，莫過於股神巴菲特了，他的投資方法就是等市價低於所謂的「內在的真實價值（假設這是所謂合理價）」之後買進，然後持有抱牢，享受長期增值。

只是股神不是人人能當，在我投資 30 年來的所見所聞中，沒見過類似股神這類的絕世高手。所以在股票市場的養成、認知和操作上的觀念，僅會留意股票市場中掛牌的公司是否出現「超漲價（連續大漲後，股價相對高基期）」和「超跌價（連續大跌後，股價基期相對低了）」，而很難定義出什麼價位才是「合理價」。

看本益比算合理價，合理嗎？

當然，市場上有不少「投資達人」很喜歡用「本益比」來計算出所謂的「合理價」。本益比＝合理價，果真如此嗎？

這麼多章節下來，讀者們應該已經注意到，我很少談到「本益比」這項數值用來作為篩股原則，我並不認為這是一個評估價格的好方法，只要本益比數字愈小代表股價愈便宜，投資便可以愈快回本，這樣的方法將股票投資過於簡單化。

舉例來說，被動元件股「國巨」，以它在最高價 1310 元來看，

預估的本益比不到 20 倍，遠低於很多股票的 30 倍、40 倍，在產業正夯產品大缺貨氛圍下，很多人認為 20 倍不到的本益比一點都不高，未來可能會有 1500、1800 元的更高價而去搶進。

當股價接近腰斬下跌到 700 元時，算出預估本益比大約 10 倍（H1 的 EPS 大約是 35.85 元，如果用簡單的預估法，假設全年 EPS 是 35.85×2 ＝ 71.7，以整數 70 元計算的話，700÷70 ＝ 10），「本益比」比當時約 20 倍更低還幾乎折半；如果你真的因為本益比 10 倍就搶進，以寫下這篇文章時候的 107 年 10 月 10 日左右，價位是 423.5 元，一張就虧損超過 20 萬元，更不用說搶到 1300 元的人一張虧損金額便超過 80 萬元。

本益比只剩下 6 倍左右（423.5÷70 ＝ 6.05），至於股價會不會再往下跌破 400 元（107 年 10 月 8 日股價最低來到 378 元，97 年金融海嘯時曾低到剩下 3 塊多）、本益比會不會更低？沒人說的準，不是嗎？（編按：108 年 3 月 29 日公布，國巨 107 年全年 EPS 為 80.3 元）

從上面的例子來看，單純用「本益比」來篩股買股，不僅盲

備註：預估本益比＝目前的股價 ÷ 預估未來一年每股盈餘（EPS）

點大，風險也大。這也是我很少運用「本益比」來選股和操作，甚至推薦給讀者們的主因，更因為我深知，想在股票市場笑傲江湖不是一招半式這麼容易。

真要說有所謂「合理價」的話，可能只有大股東他們心裡才清楚什麼價位是「真正合理價」吧！

人生是否也有「合理價」？

換個角度來看，如果大家還記得，我不斷重申「沒有絕對，只有相對」的觀念。那我們把所謂的「合理價」轉換一個說法，叫做「可以接受的價格」，以長線保護短線角度切入選股，抱持長期投資心態，或許利用我們「EXCEL 投資檢核表」計算出預期平均報酬率的這個方法，便可以解答大家一直以來追尋「合理價」的這個問題。

若從股票投資來反觀人生，大家認為人生也有「合理價」？

人的一生當中，總是會歷經一些煩人的是是非非事件，內心難免產生不平衡引發擔憂沮喪恐懼焦慮之心（就像心超跌了，嚴重的話可能引發憂鬱現象）；而某順遂階段可能又容易志得意滿過於自負（如同心超漲了，一不小心傷了周遭親友夥伴而不自

知），這些內心的起起浮浮看來似乎都很正常，卻不見得算是真正「合理」，這是我在自律神經失調（也就是心不安，被困住）後的體悟。

至於我人生理想的合理價：「當超跌了，內心能從不平衡調整為平衡，迅速遠離恐懼不安；超漲時，能平常心以對，時時刻刻抱持感恩的心擁抱知足常樂，心安身安闔家健康平安，行有餘力樂於助人」，這才是我理想中的「人生合理價」！

Q10. 「高現金殖利率股票」才是王道？

近期指數一直盤踞在萬點之上，投資氛圍看似不錯，加上主管機關之前曾有「萬點是起點，景氣不錯可以選些高現金殖利率股票逢低買進」……等偏多言論。一直以來，也總有些財經相關媒體陸續報導高現金殖利率股票有多好。諸多吹捧，似乎高現金殖利率的股票，才是股市中的選股「王道」。

其實，台股的現金殖利率並非真正近似無風險的殖利率概念，萬點以上也是台股高基期位置！從過去的統計來看，萬點以上集中火力去追買股票的風險並不低，除非你是選股高手。

是否完全填息是關鍵

在台灣股市中，所謂的配發現金股利，其實是把除息前一天的收盤價扣除配給你的現金股息（例如：配發現金股息 4 元，除息前一天的股價是 50 元，除息當天的參考價變成 50 - 4 = 46 元），也就是說，你持有的市值並沒有改變。

如果這家公司的股價往上漲，回到你原來買的價位 50 元，這稱為「完全填息」，這樣才是真正把這些股息放進口袋裡，也才真正享受到這個殖利率的報酬；相反地，如果除息後，從 46 元的股價一直往下跌到 40 元，你不但沒有「真正賺到股息 4 元」，還賠上「差價（資本利得變成負的）40 + 4 - 50 = -6 元」。

就我個人的投資經驗來說，現金殖利率只是要不要買進持有該股票的因素之一而已。以我長期投資 10 來年的「玉山金」這檔股票為例，它的「現金殖利率」或許不高，但每年都有配發股票股利和現金股息，股價走勢也一直相當穩定，長期來看，才真正有享受到「市值總額」增值的效果。

這也是「GOWIN 投資模式」中，利用 EXCEL 投資檢核表計算出其報酬率所重視的，不會只留意所謂的高現金殖利率股票，因為那不但不是真正的現金殖利率概念，更重要的是，還不一定

能夠真正讓你的市值增值。

「高現金殖利率」並非選股唯一重點，也絕非選股標準！

能夠讓「市值總額穩健增值」的投資組合標的，再加上做好每個不同階段「適當的持股現金比重」會更為重要！

Q11.28元敢搶進，19元卻買不下手

股票市場一直都沒有改變，「行情熱絡的時候，大部分的人總是好時看更好，恨不得所有錢都拿出來買股票賺更多錢；一旦行情反轉下來，又變成看得很壞，悲觀恐懼不敢買股」。

「過去的我」也是一樣。我常在想，為什麼會這樣矛盾？這讓我想起一個故事，就可以看出這種心態有多矛盾！

107年初，台股指數大約在11000點附近，行情熱絡，東元（代號1504）這家公司股價在28元左右，有朋友二話不說直接買了5張。之後曾出現融資追繳萬箭齊發，融資被斷頭後，市場上的籌碼，相對元月那時候反而更加安定。直到10月17日，大盤指數在9979點，下跌超過1000點。此時，東元的股價也跌到19元以下，朋友反而不敢再買進，因為擔心害怕萬一股價繼續往下跌，

身上的錢若變少，會失去買到更低價的機會。

只敢追高不敢買低的心理

朋友的說法似是而非。我們仔細想想，誰知道會不會有更低價？還有現在是不是已經在最低價附近了呢？

19元的股價是比年初的28元低了3成，而且東元是一家績優集團股，近年來每年皆有配發股利，明年可配到的股利也不會因為28元買進或是19元買進而不一樣，算一算用19元買進的話，假設股息同前一年一張配發現金860元的話，所配到的股息是比錢放在銀行的利息高出好幾倍，況且19元也算是近年的相對低點（符合低基期）。

但當下狀況卻再次印證，這位朋友「敢追高卻不敢買低」。其實這也是大多數人所採取的作法，這樣的投資心態可能成為股市贏家？

回頭看那時一開始的「信心滿滿，完全沒有投資戒心」，後來變成「有高度投資戒心，完全沒有信心」，看在眼裡實在有點難以理解，不過這卻是在股票市場中很真實的「投資人性」。

想一想，你是否也是屬於這種投資人呢？

我們用實際數字來算一下會更清楚，以手上有 100 萬元為例：

方法一、放在銀行定存生息：一年後利息大約11,000元左右

方法二、買28元的東元股票大約35.7張：

股息約35.7×860元＝30,702元

方法三、買19元的東元股票大約52.6張：

股息約52.6×860元＝45,236元

同樣一百萬元，不同的理財方法造成的結果不盡相同，甚至差距多達兩、三倍！

再來看看「東元」自 103 至 107 年的股價，最高是 41.4 元、最低是 107 年 10 月 17 日寫文章收盤的 18.6 元，以長期投資角度而言，往下分批買進參加配息，未來三至五年內股價若有機會逐漸往高價區慢慢靠近，每年的股息加上未來資本利得（價差）將相當可觀。

我常告訴自己，必須做到我們「GOWIN 投資模式」中的「逆向思考、反市場操作」。當別人不敢買的時候，我們應該要「人棄我取」；而當別人瘋狂搶進的時候，我們要做的事是「人要我給」。若能做得到，我想，你在投資路上已經成功了一半！

Q12.如何買在最低價、賣在最高價？

很多投資人和崇拜技術分析者的終極目標，無非「買在最低價、賣在最高價」。大家無所不用其極的用黃金切割率、費波南西係數、技術指標、技術線型 W 底 M 頭漲跌等幅滿足點⋯⋯等各式各樣的方法，來加以統計與計算，以達到此期望。

費盡心思想要找到買賣交易當中最理想、最完美的價位。

回顧這 30 年來的交易過程，我還真的成功達陣過。買賣交易過程中，有很多次買進的價格竟然是買在最低價，而賣出的時候也有多次出在最高點。分析其中的原因：應該是「烏龜哲學」！

投資的「烏龜哲學」

烏龜在行進的時候，總是一步一步慢慢的、慢慢的跨出步伐，逐步往目的方向前進，而我常常有機會去買到某一檔股票的最低價，方式也是如出一轍，慢慢分批買進；而在賣出後常出到最高價，方式亦同，一樣是慢慢分批賣出。

舉例來說，我要布局一檔股票 200 張，並不會一次或是一天就買齊，通常我的作法是，先把期間設定在 3 個月內，有時候甚

至更長些，可能分為20次布局（20個交易日布局），平均每次（每個交易日）買進10張，而在每一個交易日的10張中，我又分成一次只買進一張，用外盤價位分為10筆交易才完成。

實務操作上，我發現這樣做的好處是：

1. 降低平均成本：分批用當下的外盤價（最低賣出價）買進，有機會買到內盤價（盤面上的買進價），可以降低平均成本。

> PS. 舉例來說，我當營業員的時間超過20年，一開始幾乎是著重在短線密集交易，所以27、28年累積下來的成交筆數並不少，假設是50,000筆，如果每5筆有一筆買到內盤價位，可省下的金額計算如下：
>
> 50,000（筆）÷5 = 10,000
>
> 10,000×50元 = 500,000元

例如10至50元之股票，通常內外盤的價差是0.05元，0.05*1000股（1張）= 50元，合計可省下的金額是50萬元，如果是每10筆才成交到一筆內盤價位，那也有25萬元，仍是一筆為數不小的金額。

2. 買到最低價：逐步往下布局，買到該波段整理修正的最低價機會增加。

3. 節省手續費：可以節省券商交易手續費用。一般來說，券商手續費是以成交金額的千分之一點四二五收取，單筆交易不足20元則收20元，舉例來說，股價16元，一次買1張的手續費是：

$16 \times 1000 \times 0.001425 = 22.8$ 元

券商只會收到元的單位，小數點後面的 0.8 元不收，所以是收22元，如果一次買2張時，手續費則變成：

$16 \times 2000 \times 0.001425 = 45.6$ 元

相較之下，會比分為一張一張買進時 $22 + 22 = 44$ 元多出了1元，不過必須注意，若是股價低於 14.05 元（則手續費剛好是20元）時，我則會考慮一次買進 2 張，才能達到節省手續費成本目的，即：$12 \times 1000 \times 0.001425 = 17.1$

如上，則券商會收 20 元手續費，分為兩次買進時，手續費會變成：

$20 + 20 = 40$ 元

也就是說，一次買進 2 張的手續費只需 34 元。

同樣地，在賣出的時候，進行「烏龜哲學」也具這些「優勢、好處」！

Q13.雞蛋該放在不同籃子裡？

我們經常聽到，「別把雞蛋放同一個籃子」，才能降低投資風險。事實真的如此嗎？

曾有朋友問過我這個問題，而我的看法是，見仁見智，重點在於你的雞蛋有多少？

像這位朋友屬於小資族，目前的雞蛋只有少少幾顆。那我便會覺得，這些雞蛋應該「集中火力」放在同一個籃子裡即可。理由至少有二：首先，管理上比較容易，省下的時間和心力可以用在提升本身的專業能力上。其次，集中在同一個籃子裡，有時候會讓投資績效高一些。

不過，若是你的雞蛋有很多顆（資金部位較大），在作法上，我也贊成應該多放在幾個不同的籃子裡，才能夠達到分散風險的效果。

不同的資金多寡，就有不同的配置方法，這也就是「資產配置」的概念。

就我的觀點，如果直接以投資股票的金額來看，假使在三十萬元以內，那麼投資金額並不算多，只要好好運用我們「GOWIN

投資模式」中的「EXCEL 投資檢核表選股法」，相對選出績優集團的好公司，集中火力在一或兩檔股票上即可。（PS. 像是我自己存股超過十年以上的「玉山金」，平均每年的投資報酬率算是相當不錯），不但易於管理，投資績效也可能會比建立一籃子股票（投資組合）更好些；反觀若是投資金額已達百萬元以上，建議可以五檔左右的標的建立「投資組合」，先做到分散風險，再求未來的投資報酬。

也就是說，投資的金額愈多，標的檔數相對愈多；但也要提醒一下，以不超過十二檔為限，避免過於複雜反而難以照顧。當然若是投入的資金高達上億元以上，最好分散到各類不同市場和商品。但仍要切記，務必以自己所熟悉的標的才行。

Q14.真的有穩賺不賠的投資法？

曾有不少朋友問我說：「你在股票市場那麼久，有沒有什麼穩賺不賠的方法？」

我想，投資股票想獲利的背後就存在一定的虧損風險，沒有什麼方法可以穩賺不賠，不過若是要提高勝率，倒是有一種方法，

我稱之為「黑天鵝投資法」。

我在當營業員期間，有位曾經大賠過的資深前輩對我說，想從股票市場賺錢，最安全的方法就是，等出現「股災」大跌殺融資時，再進場買股票。當時的我還在幻想成為台股股神階段，執迷技術分析短線操作，幾乎天天都在市場中買來賣去，哪聽得進前輩這番話。直到近幾年，回想過去被市場狠狠教訓的慘痛經驗，才深刻體悟前輩那一番「金玉良言」！

股災別怕！就用黑天鵝投資法

黑天鵝投資法是一種「超額報酬投資法」，平時就是只抱著現金而不持有股票，或是保持很低很低的持股比重，當市場出現黑天鵝現象造成股市急遽大跌形成股災，此時，常見媒體會大幅報導，因為……造成股民恐慌賣股、券商追繳令萬箭齊發……。

這種時刻，遍地都是超跌的股票，開始分批買進布局，陸續把現金轉換成「績優集團公司」的股票（現股），雖然愈買股價愈低，可能會套牢一段時間，但是不用過度擔心，等市場殺完融資追繳斷頭籌碼後，通常會出現強勁的反彈走勢，此時再採取分批賣出。

　　依循這種操作方式進出股票的賺錢機率相當高，在出清手中股票後，就繼續等待下一次的「黑天鵝」來臨，才再進場布局，算是一種危機入（股）市的「股災投資術」，發股市災難財賺取超額報酬的概念。

　　這點類似本書中提到的「逆向思考、人棄我取、人要我給」的操作觀念，且須堅守多少錢做多少事（現股），避免財務槓桿融資操作。

　　市場在漲多之後的下殺永遠不缺「理由」，這些造成當時又急又猛的下跌「理由」都像是一隻「黑天鵝」，例如「復徵證所稅」、「網路泡沫」、「金融海嘯」、「新冠肺炎」……等，皆造成盤勢大跌。當下大多數投資人的人性都一樣，會被各種不同「理由」所製造出來的恐慌氛圍、恐怖跌勢所嚇到，不但不敢承接股票，反而想賣出手中的全部股票。

　　但是看過本書的讀者們，這時候反而要做市場中的「稀有動物」，必須與眾不同地違反人性，做到人棄我取、大膽買進。

　　「黑天鵝投法」不是年年都有機會使用，有時候三年才會遇上一次，有時候甚至更久……，這種投資術在股票的操作上相對比較「無聊」一些，在行情熱絡時，更需要做到「聽而不聞、

視而不見」，尤其在不斷走高的盤勢堅持「心如止水」相當不容易。若有人真能做到的話，我相信未來銀行存款簿的錢應該會愈來愈多。

當出現股災，黑天鵝來臨時，投資人必須克服心魔、積極勇敢買進，在當下的氛圍要做到「危機入市」，坦白說並不容易。如果平時能耐得住寂寞長抱現金，偶爾看看盤留意股價變化，而當「理由」出現時，大膽把存款換成股票，享受「套牢是未來的獲利之母」，花一點時間等待股價反彈，再逐步把股票賣掉換回現金，這樣錢便變多了（市值總額便會增值許多），累積數次後，存摺上的數字也將愈來愈可觀。

銀彈充足！就用最熟悉股投資法

想在股市提高勝率，有別於「黑天鵝投資法」，還有一種操作方式，不過前提是你手上的資金要充足，且必須經常留意股價變化。我稱之為「最熟悉股投資法」。

首先，以自己「最熟悉的股票」作為投資標的，而且要有買賣多年的經驗，這樣對其「股性」（股價變化）比較了解，會比操作不懂或不熟的產業有較高的成功率。

其次、必須是長期以來的「績優集團公司」，才能避免踩到地雷股。

第三、股價下跌後已處於低基期位階，仍持續跌勢。

第四、慢慢分批進場，一張一張往下承接，把平均成本降低。

第五、待股價整理結束後，出現反彈，股價接近你的平均買進成本時，做好賣出的準備。

第六、超過平均成本後（也可以採取超過平均成本1%～2%），慢慢一張一張把最低價買進的部位賣出獲利了結，若是漲勢只維持一段時間後便拉回整理，分批賣出的部位可以再一張一張慢慢買回來，降低整體操作的平均成本，類似高出低進降低成本的概念。

第七、一般來說，股價會有「波段」的漲跌循環，例如：我們之前分批買進的時機是在「波段」的跌勢之後。一旦出現「波段的漲勢」，股價持續上漲，便能順利將低檔分批布局的股票分批往上出清。

最熟悉股（低檔加碼）投資法的操作方式，應用上不像「黑天鵝投資法」需要等待比較久的時間才會出現布局機會，整體的投資報酬率或許不會太高，但也算是我交易經驗中勝率高的操作

策略，也可以以「多檔」熟悉的標的一起操作，不過這方法需花時間留意盤勢和股價變化，比較適合對股市具有相當熱情的人。

如果資金相當充足，再配合本書中「正金字塔型買進、倒金字塔型賣出」方式操作，投資報酬率可望再往上提升。

Q15.如何加速達成「財務自由」？

近幾年來，「財務自由」、「財富自由」等名詞相當夯，也有不少達人現身說法、相關書籍更是熱門暢銷。基本上，我認為這兩者有所不同，「財務自由」是單指經濟方面，而「財富自由」涵蓋範圍則較為廣泛。

我們先來簡單定義「財務自由」的意思：不必藉由上班工作付出勞力或腦力獲取薪水（主動收入）以支付日常開支，而是透過已擁有的資產所產生的被動收入（例如：利息、股息、租金……等收入）便足以滿足。所以相對只要控制或降低「日常開支」，會比較容易達成此目標。

然而，「財務自由」跟「年紀大小」和「一定要到多有錢」並沒有直接關連，舉例來說，像是含金湯匙出生的人，家財萬貫，

出生時應該便已註定「財務自由」了，不過，如果家道中落，或是賠掉大半家產後，若無法負擔「平常固定」的開支，就不再算是「財務自由」。

往「財務自由」邁進的過程，每個人或有不同，像我是孤家寡人一個，只要一人飽全家飽，少了養兒育女方面的經濟負擔，也沒有房租支出問題，加上我個人很少旅遊，出門大都是以捷運為主要交通工具（少了買車養車費用），平日打籃球、走路運動和買書，也花不了多少錢，所以在邁向財務自由的過程，相較於一般家庭容易許多。

至於我是如何完成「財務自由」任務的？可以歸納出五大關鍵：「起步」、「節流」、「開源」、「投資」、「資產配置」，這幾項關鍵因素看似各自獨立卻又互有關連。

關鍵一、起步：

每個人的「起步」不同，像我出身單親家庭，79 年進入證券業，剛好遇到股市指數從 12682 點往下跌到 2485 點才止跌，當時較偏好短線投機操作，被市場狠狠修理，賠掉母親的百萬定存，更不幸地，在尚未將賠掉的錢賺回來前，母親卻因病早逝，所幸

母親身後並沒有留下債務，住的房子還是自己的。

　　比起無殼蝸牛或北漂租屋族算是相對優勢和幸運的「起步」，而 20 幾歲便進入證券業開始接觸台股，這也是在投資領域上較早的「起步」。

關鍵二、節流：

　　我買東西的時候一定會「比價」，這可能是從小就養成的「精省」習慣，所以不少朋友都笑我是一個勤儉持家（相當龜毛）的人。

　　像我運動打球要買籃球鞋，在過去還沒有網購的時代，我就會抱持貨比十家不吃虧的態度，勤於比價，最後再選定最便宜的那家店買；現在則依然維持網路比價後才買的原則。

關鍵三、開源：

　　在當營業員時期，只要是股市財經相關的新聞、報紙、雜誌，我都盡量不錯過，也會到處聽演講和閱讀投資相關書籍，經常請教比我更有經驗的客戶、同事，一起研究股票以加強股市研判能力，並努力考取金融相關證照提升自己的金融專業，以及勤奮工作開發客源……等，認真投資自己最後的回報，就是薪資收入持

續增加。

關鍵四、投資：

我在職場的大部分時間都是擔任證券營業員的工作，不但比一般人更早踏入投資領域，也累積比一般人更豐富的股市經驗。

在賠掉母親的積蓄後，我痛定思痛，一改過去投資習慣，改以績優集團公司為主要投資標的，過程中難免歷經套牢，但後來也都解套進而成功獲利了結（就像我書中曾提過的一句話：套牢是未來獲利之母）。

之後利用股市震盪起伏時逢低買進，加上持續增加的薪水也投入買股，讓我可投資的本金愈變愈多，儘管 97 年金融海嘯又被教訓一次但多年下來仍是賺多賠少，所以身上累積的資金仍逐漸增長，後來更找到屬於自己的「GOWIN 投資模式」，善用它創造長期穩健增值。

在往財務自由目標前進的過程中，曾有不少朋友找我投資其他商品，像是購買農地等待變更、買股權領高息、還有月息高達 3% 的馬勝金融集團相關商品（後來證實是金融詐騙案）……等，不過我始終堅持「原則」——在自己熟悉的領域做投資，才能有

效降低風險。只把錢放在自己所熟悉的股票上，不貪心、不分心，也因此避開多次金融詐騙。

關鍵五、「資產配置」：

投資持續增值，累積到一大筆金額後，我把部分的資金抽離股市轉去購置房地產，也就是我住家附近中古公寓，不但可以分散把資金完全集中在股市的風險，又可以打造除了股息之外的另一筆固定收入（租金收入），況且房地產具有保值效果，地段地點若佳，未來更有都市更新的機會，創造再次增值的可能性。

跟著這五大關鍵按部就班穩穩前行後，要如何加快達到「財務自由」目標的速度？

首先，必須持續「投資自己」，並盡早「培養正確的理財觀念」：投資自己是一門穩賺不賠的投資，提升專業可以為自己加薪，增加投資的本金，而現今社會資訊氾濫，及早培養正確的理財觀念，便不會過度貪心只想賺快錢，不貪心就不會上當被騙。

再來，拒絕成為「月光族」，有好機會「斜槓」也不錯：如果不願犧牲當下享受，那就不必傷腦筋去想「財務自由」這件事

了，因為與它的距離太遙遠！區別每一筆花費的需要與必要，過度花費就是減少未來可投資的「本錢」。若是非買不可時，則多花點時間比價，能省下一元就是多存下一元，時間久了會有積沙成塔效果。而這些「本錢」，也是未來享受複利增值的來源，當然有機會「斜槓」賺外快也不錯，加速累積投資本金。

還有，在邁向「財務自由」目標的過程中，訂定「近期目標」激勵自己前進：像我在投資股票的過程，就曾在心中告訴自己，以後一定要買得起勞力士手錶！剛到大展證券上班時，董事長也曾在月會上說過，希望未來每位員工都能開車來上班⋯⋯。

當時菜鳥的我就將這句話牢記在心。尤其我喜歡打籃球，便激勵自己，以後要開著賓士車去籃球場打球。這些都是我激勵自己的「近期目標」。只是等到我買得起勞力士手錶、也養得起賓士車那天時，我並沒有把這些錢拿去花掉買錶買車，而是把錢再繼續投入股市，後來也成功增值更多的錢。

最後，相信「慢慢來、快快到」的道理：儘早接觸股市，且抱持長期投資心態，投入前先做功課而非盲從投資，不必害怕失敗，年紀愈輕愈承受得起投資上的錯誤，哪個股市贏家不曾歷經失敗呢？

我們只要在失敗中記取教訓、不斷修正調整、精進成長，每次的挫敗都是在累積未來成功的養分。

也可以和我一樣，堅持只在自己所熟悉的投資組合標的來回操作，除了有效降低風險，更有機會持續創造增值。「不求快」，有多少錢才做多少事，不要財務槓桿操作（只用現股、不要融資），按部就班一步一腳印踏實前進，循序漸進穩健積累財富，隨著時間一天一天過去，便會一步一步接近目標；「求快、貪快」，就容易犯下嚴重或致命的「10＜1」錯誤，反而走不遠，就像台語「呷緊弄破碗」這句話的道理是一樣的。

對我們大多數的人來說，「財務自由」之路，或許是一條漫漫長路，但是善用穩健增值的「GOWIN 投資模式」耐心投資，用時間換取空間，逐步接近目標，最後到達。

願「財務自由，我行你也行」這句 slogan 能在更多的朋友身上得到驗證！

02
理財健診篇

本篇針對小資族、上班族與銀髮族三個不同族群，
以個人的理財顧問經驗與「GOWIN 投資模式」的應用，
分別提出投資建議，讀者們更了解本書實際應用方式。

小資族另類存股術

對象：26 歲小資族，對股票不熟悉

收入來源：1. 固定薪水收入。2. 三節獎金。3. 銀行存款利息。

理財健診時間：107/12/5

26 歲的 A 小姐任職於服務業，擔任行政人員，月薪 25K 左右。她覺得把錢存在銀行的利息有點低，對利用投資股票提高報酬率具有興趣，但過去接觸較少算是陌生，也不想花太多時間在鑽研股票上，只想藉由存股方式，以長期投資打敗銀行利息，希望的目標是每年能夠增值 4%～ 5%。

她目前的銀行存款大約有 30 萬元，扣除房租、交通、伙食……等平日生活費用、保險支出所需費用，平均每年約可存下 8 ～ 9 萬元（每月約 5000 元＋部分三節獎金）。

【案例解析】

首先，A 小姐目前存款 30 萬元，每月可結存金額大約 5000 元，並沒有其他收入（像是兼職、家教……等），加上每年三節獎金，

是現階段可運用在投資方面的資金。

雖然資金不多，但最大優勢是年輕，可創造時間複利的期間較長。

先就銀行存款 30 萬元這部分進行規劃投資，可以她常聽到的公司且每年獲利不錯穩定配股配息公司為主，但目前大盤指數仍在 10000 點附近，現階段「存股」的 30 萬元仍需控管，不建議一次全部買完，再來是將未來每個月約 5000 元固定以「零股方式」陸續買進存股，三節獎金方面可視狀況先存起來或直接買進存股。

【選股作法】

針對手上擁有的金額，可以單純一檔存股或用兩檔不同股票建立一個「投資組合」，兩檔的好處是在投資作法上較具靈活性，亦可以降低些僅一檔股票的投資風險。

選擇倒閉風險較低、每年獲利穩定、配股配息也能符合她的目標 4%～5% 增值為考量，現階段之總金額不多，可以「低價金融股」做為考慮標的，再用相對比較觀念選股。

若將「金融股」區分為官股、民營、保險……等為主的銀行或金控公司，參考 107 年 11 月底時各家金融股的價位，官股金控

銀行中可以「華南金 17.55 元、彰銀 17.5 元」二擇一，民營金控
公司中可以考慮將「玉山金 20.8 元」列為標的之一。

　　保險金控可以目前股價較低、獲利不差的的「新光金 10.45
元、開發金 10 元」二擇一，最後仍以 A 小 姐自己比較「熟悉」
的公司做為投資組合標的。

　　由於目前是空手，持股比重建議先以 3 成（大約 9 萬元）左
右布局，選其中自己較為「熟悉」的 1 ～ 2 檔公司投入，若是採
取兩檔公司，其金額比重各半，未來每個月的 5000 元可以零股方
式持續買入。附上下列三檔標的 EXCEL 投資檢核表：

玉山金（2884）投資檢核表

	A	B	C	D	E	F	G	H	I	J
1	玉山金(2884)									
2										
3	當年配發股利	現金	股票		最高價-H	最低價-L	累計持股-H	累計股息-H	累計持股-L	累計股息-L
4	2008年	0.4000	0.4000	2008年	19.45	6.23	1.040000	0.400000		
5	2009年	0.0000	0.3000	2009年			1.071200	0.400000	1.030000	0.000000
6	2010年	0.2000	0.4000	2010年			1.114048	0.614240	1.071200	0.206000
7	2011年	0.2000	0.7000	2011年			1.192031	0.837050	1.146184	0.420240
8	2012年	0.2000	0.5000	2012年			1.251633	1.075456	1.203493	0.649477
9	2013年	0.3000	1.0000	2013年			1.376796	1.450946	1.323843	1.010525
10	2014年	0.2764	0.8916	2014年			1.499551	1.831492	1.441876	1.376435
11	2015年	0.4346	0.8693	2015年			1.629907	2.483197	1.567219	2.003074
12	2016年	0.4300	1.0000	2016年			1.792898	3.184057	1.723940	2.676978
13	2017年	0.4900	0.7400	2017年			1.925573	4.062577	1.851512	3.521709
14	2018年	0.6126	0.6126	2018年			2.043533	5.242183	1.964936	4.655945
15	2019年			2019年						
16	2020年			2020年						
17	H				L					
18	持有年度	11			持有年度	10.5				
19	累計持股-H	2.04			累計持股-L	1.96				
20	累計股息-H	5.24			累計股息-L	4.66				
21	目前股價	20.8			目前股價	20.80				
22	市值	47.75			市值	45.53				
23	累積報酬率	145.49%			累積報酬率	630.76%				
24	平均報酬率	13.23%			平均報酬率	60.07%				
25	年化報酬率	8.51%			年化報酬率	20.85%				
26										

華南金（2880）投資檢核表

	A	B	C	D	E	F	G	H	I	J
1	華南金(2880)									
2										
3	當年配發股利	現金	股票		最高價-H	最低價-L	累計持股-H	累計股息.-H	累計持股-L	累計股息-L
4	2008年	1.0000	0.2000	2008年	32.35	13.6	1.020000	1.000000		
5	2009年	0.7000	0.3000	2009年			1.050600	1.714000	1.030000	0.700000
6	2010年	0.2000	0.5500	2010年			1.108383	1.924120	1.086650	0.906000
7	2011年	0.3000	0.6000	2011年			1.174886	2.256635	1.151849	1.231995
8	2012年	0.5000	0.5000	2012年			1.233630	2.844078	1.209441	1.807920
9	2013年	0.5000	0.5000	2013年			1.295312	3.460893	1.269914	2.412640
10	2014年	0.7000	0.3000	2014年			1.334171	4.367611	1.308011	3.301580
11	2015年	0.6200	0.6200	2015年			1.416890	5.194797	1.389108	4.112546
12	2016年	0.6300	0.6200	2016年			1.504737	6.087438	1.475232	4.987684
13	2017年	0.7000	0.5000	2017年			1.579974	7.140754	1.548994	6.020347
14	2018年	0.5000	0.4500	2018年			1.651073	7.930741	1.618699	6.794844
15	2019年			2019年						
16	2020年			2020年						
17	H				L					
18	持有年度	11			持有年度	10.5				
19	累計持股-H	1.65			累計持股-L	1.62				
20	累計股息-H	7.93			累計股息-L	6.79				
21	目前股價	17.55			目前股價	17.55				
22	市值	36.91			市值	35.20				
23	累積報酬率	14.09%			累積報酬率	158.85%				
24	平均報酬率	1.28%			平均報酬率	15.13%				
25	年化報酬率	1.21%			年化報酬率	9.48%				
26										

彰銀（2801）投資檢核表

	A	B	C	D	E	F	G	H	I	J
1	彰銀(2801)									
2										
3	當年配發股利	現金	股票		最高價-H	最低價-L	累計持股-H	累計股息-H	累計持股-L	累計股息-L
4	2008年	0.9000	0.0000	2008年	26.7	10.35	1.000000	0.900000		
5	2009年	0.6000	0.0000	2009年			1.000000	1.500000	1.000000	0.600000
6	2010年	0.3000	0.0000	2010年			1.000000	1.800000	1.000000	0.900000
7	2011年	0.2800	0.9000	2011年			1.090000	2.080000	1.090000	1.180000
8	2012年	0.2000	0.7000	2012年			1.166300	2.298000	1.166300	1.398000
9	2013年	0.1000	0.7000	2013年			1.247941	2.414630	1.247941	1.514630
10	2014年	0.6000	0.2000	2014年			1.272900	3.163395	1.272900	2.263395
11	2015年	0.2000	0.7000	2015年			1.362003	3.417975	1.362003	2.517975
12	2016年	0.3500	0.6000	2016年			1.443723	3.894676	1.443723	2.994676
13	2017年	0.4200	0.5000	2017年			1.515909	4.501039	1.515909	3.601039
14	2018年	0.4500	0.4000	2018年			1.576545	5.183198	1.576545	4.283198
15	2019年			2019年						
16	2020年			2020年						
17	H				L					
18	持有年度	11			持有年度	10.5				
19	累計持股-H	1.58			累計持股-L	1.58				
20	累計股息-H	5.18			累計股息-L	4.28				
21	目前股價	17.50			目前股價	17.50				
22	市值	32.77			市值	31.87				
23	累積報酬率	22.74%			累積報酬率	207.95%				
24	平均報酬率	2.07%			平均報酬率	19.80%				
25	年化報酬率	1.88%			年化報酬率	11.31%				
26										

【實際執行】

在這次的「投資健診」後，A小姐現階段的總投資金額並不多，就上述幾檔分析，先以 17.55 元的「華南金」做為標的，開始執行時 1 張 1 張慢慢布局總共 5 張，分批幾天買進，總持股比重 3 成左右，日後「玉山金」股價若有下來再考慮分批布局。

【未來檢視】

放寬心開始投資，就算股價往下也必須貫徹執行，就長期投資人來說，不必擔憂短期股價的下跌，需留意金融股每個月十日左右所公布的 EPS 狀況，是成長或衰退，若不如預期則調整部位或是重新換股操作。

【結論】

機會永遠留給準備好的人，既然已經準備好，就是徹底執行，以及執行以後的修正調整。

做好適合自己的「投資組合」，才能避免一些投資上不必要的擔憂。因為 A 小姐不想花時間在股票研究，現階段可投入金額也不多，先集中在一檔較為安全的公司，算是一種可行的方式。

　　在股價漲漲跌跌過程中，必須理性持續買進存股，得克服投資人性嚴守紀律，別因為聽到壞消息就停止買進動作，避免一般投資人最容易犯的「好時看更好，壞時看更壞」的股市價格漲跌陷阱。

　　像 A 小姐這樣的社會新鮮人而言，時間是最大的優勢，長期投資穩健配股配息標的，利用時間複利效果做好投資規劃，是可以達到累積一些未來退休金的目標，並不建議「短線操作搶賺價差」為主。

　　將股票存股當作未來退休時多出一筆日常生活可運用的錢，只要時間夠長，多年以後，存股張數不斷累積到一定數量後，善用「GOWIN 投資模式」，每年的股息收入和運用「適當的持股現金比」操作，讓市值總額穩健增值，就足以支應一般生活支出。

　　「GOWIN 投資模式」有別於一般「從一而終只買不賣傻瓜式存股」，是以三年增值 30% 做為目標，且以自身熟悉的公司為投資組合，再對同類股或不同類股做一相對比較，篩選出未來較為「有利可圖」之標的，當投資報酬率（市值增加）達成預期目標或是高於其他投資組合中標的許多時，亦會採取「換股」動作，並非從一而終鎖在抽屜五年或是十年。

小資族投資延伸閱讀 - 理財屬性分析

針對上述的小資投資術，每個人投資屬性的不同，還有不同延伸作法。舉例來說，兩位同樣屬於 30 歲以內的年輕小資族社會新鮮人，手上可投入資金並不多。

兩人的相同點是平日喜歡閱讀財經相關雜誌，對投資理財具濃厚興趣，已閱讀完畢「GOWIN 投資模式」相關文章，至少一遍。同樣認為現在銀行的利息太低，如果只是純粹把錢存放在銀行裡面，可能連通貨膨脹都沒有辦法打敗，日子久了錢反而變薄。

但是，這兩位小資族對於投資的想法，最大差異在於：一位是對股票投資的心態上仍趨於保守，有些擔心害怕，但又想打敗定存超越儲蓄險利息，不過不想花太多時間在上面，投資屬性是屬於較為保守型；另一位則是對股票投資具有相當的熱情，也願意投入較多時間鑽研，努力想要得到更多的股票相關知識，勇於嘗試交易買賣，屬於積極型的投資者。

因為同樣是屬於 30 歲以內的年輕新鮮人，可承受的風險相對也比較高，反而可以利用年輕時練好投資股票基本功，畢竟現階段所能投資的金額有限，即使小失敗，也可以換得寶貴經驗，為成為未來的股市贏家作準備。

圖1　保守型與積極型小資族投資操作策略

保守型	屬性	積極型
對股票投資的心態上仍趨於保守，有些擔心害怕，但又想打敗定存超越儲蓄險利息，不過不想花太多時間	特性	對股票投資具有相當的熱情，也願意投入較多時間鑽研，努力想要得到更多的股票相關知識，勇於嘗試交易買賣
1.利用「理財性投資標的」選股方法建立投資組合（PS.偏好且熟悉的類股或公司，以Excel投資檢核表算出預期投報率）。 2.等待標的股價下跌時分批買進，目前指數萬點以上位階高，策略上可以採用「不跌不買、小跌小買、大跌時積極分批加碼」來操作。 3.採「正金字塔型」分批買進布局。	操作方式	1.可以自身熟悉的公司，符合「632法則」標的作為選股建立投資組合。 2.長期間沉浸波段操作練功，可以增強本身對股票的敏銳度和投資判斷功力。 3.如果是屬於對股票投資超級熱情積極型的參與者，可以先以符合「6和3」兩項即出手練武功，假以時日對台股必定具有更高投資視野，也能為成為未來股市高手做好準備。

備註：融資餘額逐漸增加，對「短期波段的股價」來說有時候會是一種「助力」，所以投資屬性若是屬於相當積極者或是對股票交易充滿熱情的人，以同時符合「6和3」即開始留意，以小量（一、兩張）嘗試，在操作上應該會較有樂趣，日積月累後也可以增強投資功力。

第一步，必須分析清楚自己的投資屬性與偏好。

第二步，找出適合自己的操作模式與策略。

如果投資屬性介於這兩者之間，可以再做一些適當的調整。像我本身是以「七成理財性投資標的（核心持股）和三成符合632法則的投資性投資標的（衛星持股）做為整個投資組合」。

也就是說，若是讀者的投資屬性比我還積極，也可以把「理財性投資標的和投資性投資標的」兩者的投資比重，視自己的狀況調整搭配。

小資族投資延伸閱讀 - 理財規劃建議

理財規劃要愈早開始愈好，針對上述小資族的案例，儘管距離退休還有好長一段時間，但一切的收支都必須更好的「運籌帷幄」，除了存股建議，基於整體的理財規劃角度，想要盡快達到財務自由的話，我想「記帳、儲蓄、保險、投資」這四項缺一不可，而且應該同步進行。其中「投資」的好或壞更是提前或延後達成財務自由目標的關鍵因素。

一、記帳：透過記帳，分析各項支出費用，該花則花，能省則省，分清楚什麼是「需要」，什麼是「想要」。例如，買保險

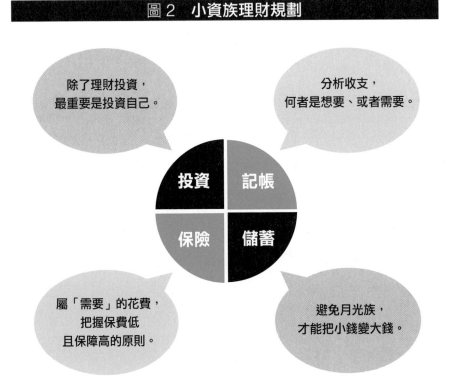

圖2　小資族理財規劃

除了理財投資，
最重要是投資自己。

分析收支，
何者是想要、或者需要。

投資　　記帳

保險　　儲蓄

屬「需要」的花費，
把握保費低
且保障高的原則。

避免月光族，
才能把小錢變大錢。

或買名牌包：前者是「需要」，後者則是「想要」。

　　二、儲蓄：拒當月光族，寅吃卯糧，只有努力儲蓄，先由小錢一步一步慢慢存起來，時間久了就可累積到一定金額，再經由正確的投資把錢變大。

三、**保險**：屬於「需要」的花費，因為年紀尚輕，要以「保費低且保障高」為最高指導原則。例如，「定期險、意外險」為優先考量，萬一自己有突發狀況，至少仍然可以照顧到最想要照顧的人。日後隨著經濟收入好轉再補足其他險種。

四、**投資**：分成「投資自己本身專業」和「運用 GOWIN 投資模式投資股票」。投資自己是一門穩賺不賠的生意，風險最低而且投資報酬率最高。積極加強本身的專業能力後，可以為自己帶來更優渥的薪水收入，薪資提升了也代表未來可投資的資金相對變多！再利用努力後多賺來的錢為自己累積更多的財富。

投資也要按部就班，急不得

至於運用「GOWIN 投資模式」投資股票：我把它分為「投資前、投資中、投資後」來說明：

投資前：

1. 先做好「記帳、儲蓄、保險」。

2. 接著把「GOWIN 投資模式」詳細閱讀多遍，建立正確投資股票觀念。

投資中：

1. 心態：長期投資 + 波段操作

2. 方法：建立投資組合

如果是股市初學者，以「理財性投資標的」做為投資組合之選股組成標的。例如之前我和另一位 CFP 朋友為《Smart 智富月刊》No.192（103 年 8 月）中理財健診單元的讀者所規劃的，以「金融股」做為投資標的，來達成當期小資族的投資報酬率目標（可利用 Google「月薪 3 萬如何存到第一桶金」找到此篇文章）。

若是已具操作股市多年經驗或是對股市鑽研具熱情者，可以「理財性投資標的和投資性投資標的」兩者建立投資組合，以 7:3 比例進行，較具進可攻退可守之彈性。

3. 資金配置：利用 GOWIN 投資模式中適當持股比重的六項原則，做好適當的持股現金比重。

投資後：

1. 檢視：定期「檢視」投資組合內之標的。

2. 分析：分析投資組合投資報酬率是否符合預期。

3. 調整：適時調整，把已經不符合投資初衷之標的換股操作調整。

當我還是社會新鮮人時，月薪只有 16K，透過「記帳、儲蓄、

保險、投資」一步步前進，最終達到財務自由，就像我所欣賞的天團五月天的自傳專輯廣告詞所述：「或許我們偶爾遲到，但一定會到」！

　　記得，投資理財並非一夕發財，按步就班循序漸進，或許遲到，但一定會到！

利息收入也要精打細算

　　小資族群要投資前，開證券戶的同時也必須開個銀行證券專戶，通常我會建議利用此帳戶「專款專用」，這樣比較容易統計未來在投資以後的市值總額增減變化，但這麼做卻會產生一個盲點！

　　因為由於證券公司的「銀行活儲證券戶」利息相對非常低，視各家銀行有所不同，但年利率大約是 0.01％或是 0.02％，而一般活儲存款戶的年利率大多在 0.19％～ 0.23％之間，光是利息方面就差了十幾倍！

　　當然如果是剛開始存錢做投資，金額不是很多的時候，就不必這麼做，因為利息一年也差不了幾塊錢，浪費時間為此傷神並不值得，但如果金額已累積到一定程度時，建議在同一銀行再開一個「一般活儲帳戶」，買進時再利用網路或手機轉帳，並不需要手續費，也可以提高利息收入，算是一種「顧好荷包、資產小幅增值」的方式。

　　甚至可以更進一步這樣做，假使持股比重在三成以下，現金部位提高到七成以上時，要更加精打細算的話，就是將銀行存款提出一部分轉做短期定存（例如，一個月定存年利率大約0.59%～0.62%間），期間不長卻可提高許多倍的利息收入。若買點出現，可先用活儲帳戶的錢分批進場，爾後再買進時，才會用到短期定存的資金（一個月期間短，很快就到期），可以把「利息收入」發揮到更大化，成為一個「精算達人」。

以100萬元為例，一年的利息收入試算如下：

活儲證券帳戶（以利率0.01%計算），利息收入100元

一般活儲帳戶（以利率0.2%計算），利息收入2000元

一個月定期存款（以利率0.6%計算），利息收入6000元

PS. 必須留意銀行有大額（大筆金額，利率會降低）限制，各家銀行大額之標準略有不同。

上班族另類存股術

對象：55 歲上班族。

收入來源：1. 固定薪水收入。2. 業績獎金。3. 股票操作：總投資成本約 500 萬元，僅 2 檔股票獲利，以 108 年 1 月 14 日收盤價看，未實現虧損金額約 170 萬元。

理財健診時間：108/1/17

B 先生是一位業務人員，目前年約 55 歲，熱衷短線融資交易股票，20 多年結算下來仍是虧損，虧損了多少金額不願再想起。找我詢問他的股票投資相關問題，想聽聽我的看法以及有何建議，進一步調整他目前手上的股票狀況。

【案例解析】

目前持有的股票有 15 家不同的公司，總投資成本大約 500 萬左右，其中只有 2 家有獲利，因為賺錢的會先實現獲利出掉，其餘 13 家皆為虧損，手中現金大約還有 50 萬元可運用於投資股票，以 1/14 收盤價來看，目前未實現虧損的金額大約 170 萬元（曾領

到的現金股息記不得有多少，暫不計入）。

B 先生的投資有五大問題：

1. 持有的股票家數太多

2. 持股比重太高，約佔了 90%

3. 股票交易太著重於短期買賣

4. 持股集中在電子類股

5. 沒有「總額概念」

有賺錢的股票直接賣出，套牢的股票就一直留在手上，完全不瞭解什麼是「總額概念」的操作方式，最後導致大幅虧損。

本身是業務人員，卻花很多時間進行交易，盯盤搶差價（短線交易甚至當日沖銷），賠錢就變成理所當然的事。且持有的套牢股票家數太多，不但照顧不易更會顧此失彼，進行理財健診時的指數在 9800 點附近，持股比重佔了九成也偏高。

加上已經 55 歲，愈來愈接近退休時間，應該挑選一些股價波動幅度比較小，投資報酬率較穩定的公司，以每年有穩定股息收入的標的為主，且持股高達 9 成，一旦遇到「股市黑天鵝」，重大虧損的後果將不堪設想，很可能影響到未來退休後的經濟問題。

B 先生持股投資檢核表

	A	B	C	D	E	F
1	股票名稱	買進價格	目前價位	股數	股利	盈虧金額
2	2498宏達電	78	33.6	5,000	0.0000	-222,000
3	6244茂迪	21.2	8.41	10,000	0.0000	-127,900
4	2485兆赫	35.8	19.95	30,000	0.0000	-475,500
5	3540曜越	38	25.35	10,000	0.0000	-126,500
6	6204艾華	30	18.7	10,000	0.0000	-113,000
7	2340光磊	29.8	18.05	10,000	0.0000	-117,500
8	2448晶電	41.5	24.25	5,000	0.0000	-86,250
9	6153嘉聯益	48	24.65	10,000	0.0000	-233,500
10	2426鼎元	20.8	16.6	10,000	0.0000	-42,000
11	2367燿華	21.8	14.75	10,000	0.0000	-70,500
12	6290良維	38.1	40.05	5,000	0.0000	9,750
13	2481強茂	37.9	26.25	5,000	0.0000	-58,250
14	3059華晶科	29.8	25.7	10,000	0.0000	-41,000
15	2353宏碁	20.5	18.95	10,000	0.0000	-15,500
16	1101台泥	34.8	35.6	10,000	0.0000	8,000
17					投資總成本	4,998,500
18					盈虧總額	-1,711,650
19					未實現投報率	-34.24%
20						

【選股作法】

1. 放棄當沖、隔日沖這類的「投機」交易,心態應該改變為著重在「中長期投資」,以每年投資報酬率 5% ～ 8% 為目標!將投機的心態改為長期投資!

2. 目前所投資的 15 家公司,大都是股性較為活潑、股價變化較大或基期並不算低的股票,並不適合 55 歲(接近退休年紀)的人,建議全部賣出換回現金,重新做一次「資金配置」,建立一

個 6 ～ 8 檔的「投資組合」來降低整體投資風險。

　　3.以倒閉風險較低、每年獲利穩定、配股配息也能符合他的預期投資報酬之投資組合做為考量。

　　4.電子類股是 B 先生較熟悉的類股，經過溝通後，他希望投資組合比重中仍以電子股的佔比略高。

【實際執行】

　　B 先生操作電子類股多年，是他所較為熟悉的股票，建立投資組合將以電子股比重略高些。也改變原有的「短期賺快錢」轉為「穩健投資報酬」心態。

　　1.先以目前股價基期較低、配股配息也較穩定的「績優集團且股價位階處於較低基期的電子股佔70%，以 1/14 收盤價鴻海（68.7元）、群創（10.1元）、友達（12.45元）為標的，鴻海為主，群創和友達為輔，另外搭配金融股佔 30%，以玉山金（21元）、華南金（18元）」做為核心持股建立一個投資組合。

　　2.現階段持股比重不超過 5 成，保留 5 成以上現金。

　　3.等待盤勢拉回整理後，再逢低分批布局，並慢慢加入其它適合的標的，逐漸增加持股比重。

建立投資組合後，仍必須定期檢視成果是否如預期，適時做修正，並動態調整持股現金比重，才能提高效率達到預期之投資報酬率。

【結論】

起初 B 先生不願意把 15 家公司全部賣掉換現，重新建立投資組合。心理上覺得全部殺出就賠了至少 150 萬元，而且萬一賣掉後股價上漲，就失去「翻本」的機會。

我用一個簡單的道理來「說服」他，「如果水桶裡的水已經髒了，首先就是必須倒光髒水，再倒入乾淨的水，否則加入再多乾淨的水進去，依然還是髒水，不是嗎？」把「完全淨空重新來過」當作另一個嶄新的起點。

最後他才捨得把這些「珍藏已久」的庫藏虧損股票全部認賠賣出，重新做好適合自己的「投資組合」和調整「適當的持股現金比重」，不但能有效規避掉一些投資上的風險，長期而言比較有可能成為一位贏家。

銀髮族另類存股術

對象：60 多歲銀髮族。

收入來源：1. 固定的股息收入。2. 股票操作：持股集中在單一檔中小型公司股票（600 張，股價 20 元左右）。

各界退休年金的問題，沸沸揚揚炒了好長一段時間。當年只靠退休金就能安享天年、或者領十八趴的美好時光不再。

林媽媽是一位銀髮族，目前 60 多歲，多年前退休，具有很多年投資股票的經驗，並熱愛國內外旅遊，有 3 個子女皆已成年，先生早於多年前過世。

退休時曾經找我討論，想聽聽我的看法，如何調整目前的股票投資狀況，會比較符合她的期待，現在回想起來，當時就像是在幫她做一個類似「退休年金的投資健診」。

當時她的股票市值大約 1200 萬元，平均每年的股息收入有 70 ～ 85 萬元左右，來支應平日生活費用、保險支出及每年至少各一次國內外旅遊所需，從未跟子女拿過孝親金。

【案例解析】

　　單押一檔股票的風險過高，儘管這檔股票是操作過多年比較熟悉的公司，但中小型股之股價容易受到人為操控影響，股價波動幅度較大，一旦遇到股市行情不佳，或是有資金需求時，恐怕會有變現不易、出現流動性風險可能，林媽媽已是退休族並無其他額外收入，整體來看風險值實屬偏高。

【選股作法】

　　將單一個股調整為以幾檔不同股票建立一個「投資組合」來降低整體投資風險，且應該以倒閉風險較低、每年獲利穩定、配股配息也能符合她的股息收入為考量。

　　可以幾檔官股金控，例如：第一金、兆豐金、合庫金等（當時股價大多在20元以內）；以及歷年配股配息佳的民營金控公司，例如：玉山金（當時股價約17元左右）做為投資組合標的。

　　當時試算，以上述建議所建立的投資組合，每年股息收入並不會比單押原來的那檔股票差，甚至還更高。

　　接著利用中小型股易漲易跌特性，趁急漲時「逢高分批換股」，且保留一些現金存於銀行，隨時可支用或以備不時之需。

如果對該檔股票仍情有獨鍾，建議至少換一半（300張）過去，來降低整體股票上的投資風險。

【實際執行】

投資健診後大約半年，該檔股票一波上漲，從20元往上漲到32元附近，一開始在27元時逢高賣出，愈漲上去仍繼續賣出。

但終究無法克服「股市中的人性弱點」，無法確實執行原先計畫，雖然最高有賣到31塊多，但看到股價急漲上來後反而捨不得賣出，總張數才賣出100張左右，距離原先計畫賣出換股的目標差距仍多，時間經過一年多後，該檔股票又跌回到10塊多（PS. 市值嚴重縮水三分之二）。

【未來檢視】

回憶那段換股操作期間，「金融股投資組合」股價穩定，波動幅度並不大，大部分標的都完成填權填息，但該檔股票從最低10塊多，低迷許久之後上漲到15元左右，原股票市值為950萬（該檔500張×15元＝750萬，金融股200萬），另外含股息後之現金大約有150萬，市值總額為950萬＋150萬＝1100萬。

從原本 1200 萬變成 1100 萬，出現縮水現象！

若當時按照原計畫執行，逢高分批賣出換股，至少 300 張換成「金融股投資組合」，光是股票之市值就可提升到 1200 萬（該檔 300 張 ×15 元＝ 450 萬，金融股市值 750 萬），市值總額為 1200 萬＋ 150 萬（含股息後的現金至少 150 萬，但應該是更高些）＝ 1350 萬。

1350 萬－ 1100 萬＝ 250 萬，兩者市值總額至少相差 250 萬以上，更不用說如果 600 張全部照計畫逢高分批換成金融股之投資組合，其差距將會更大。

記得後來還有一年那家公司因為虧損，隔年並沒有配股配息，這也與原先認為每年可領 70 萬元以上股息出現嚴重落差。

事後，林媽媽提到曾試算過，如果 27 元一直往上出，30 元以上全部出掉，跌到 15 元以下再買回來，手上現金就可以多出 1000 萬。我想，她是以漲到 32 元全數出清，而 15 元以下 600 張全部補回來計算，但這不過只是事後諸葛。

最近看了一下，那檔股票的股價又來到 20 塊左右，希望不久的將來會再出現換股操作的良機，到時候就看林媽媽能不能克服「股市人性」確實執行了。

【結論】

做好適合自己的「投資組合」才能避開投資風險，股價漲漲跌跌過程中必須理性，且得克服人性嚴守紀律，避免「好時看更好，壞時看更壞」的股市價格漲跌陷阱。

對退休族而言，股票操作宜以長期投資穩健配股配息標的為主，也許可以達到「好的投資規劃，自己的退休年金自己救」，以符合支應平日生活費用、保險支出、每年國內外旅遊……等所需的目標，完全不建議以「短線搶賺價差操作」為主。

不過，若是以「極少量金額」當成生活情趣的短期操作則是OK 的，畢竟買賣股票該留意的訊息很多，股價具變化性，除了可增加朋友間聊天的共同話題外，換個角度想，藉此多動腦，或許也可預防或延緩老年痴呆之發生。

後記

GO
WIN

財務 × 財富雙自由的人生

施國文

　　新冠肺炎股災後的大多頭大漲行情，股市小白迅速大增，市場中也產生了許許多多所謂的「航海王、鋼鐵人、少年股神……」等，他們原本走路有風、意氣風發，經過近年來盤勢的震盪洗禮，如今安何在？

　　我常在心中勉勵自己的九個字：「學習不在意，壯大自己！」

　　沒有人從出生就一路順遂到終老，當遇到工作逆境或投資困境不如意時，只要適時調整好心態，用正面能量積極面對它，自己才能更壯大，再艱難的處境亦將迎刃而解，在不斷壯大之後抗壓性大增，面對各種不同挑戰時，你將發現自己不再那樣脆弱，面對困境時將變得更加果決堅強，具備更強大能量之後，便有能力幫助更多有需要幫助的人。

　　一路上和一起打拚的眾多同事、朋友共勉這九字箴言，希望

也和有緣看到此書的各位好友一起藉此共勉！路永遠不會絕，只是該轉身了！多年之後回頭看，當下的轉身或許將是未來最美好的起點。

我相信，「我行，你也行」！

雖然，每個人對財務自由的定義與目標不盡相同，但是，從沒有任何人告訴我一套可以依循的投資模式，一步一腳印至今，我把自己真實走過的路，彙總成「GOWIN 投資模式」忠實分享出來，我想，若能幫助一些人少走一段投資冤枉路，或許就能更接近達成財務自由的目標。

在兩次的大挫敗後，仍置身於股市中投資征戰，有時我會把自己當成一個外科醫師。「股市是活的」，即使布局完成後，仍隨時都可能發生突如其來難以預料的狀況，像是金融海嘯一般無人倖免。當下必須善用「智慧」立判，該停損則停損，這也是我當初痛苦的領悟，就像外科醫師開刀時，面對可能會發生原先無法預期的狀況，一旦發生時必須冷靜且當機立斷做出最佳處理，整個手術（投資操作）才能圓滿成功（順利獲利）。

我想，要能夠成為股市贏家有一項很重要的因素，就是我們

在面對不同盤勢變化時，善用「智慧」二字，慢慢地一步步「智取」獲利。說真的，股票市場中「聰明」的人很多，「有勇無謀」的人卻更多，「有勇有謀」才能成為股市贏家。

在金融市場做投資，比較需要的是「智慧」而不是「聰明」，人生也是如此，有智慧才能在面對困局時不起煩惱。面對活的（善變的）股市，只有善用智慧「智取」，才能步步為「贏」，走得長久。

用正確的投資模式一步一步穩穩地慢慢來，反而會比你預期更快達到財務自由目標；而想要在短期間用那種「一招半式的絕對方法」賺快錢求快，時間久了之後，你將發現，離財務自由的目標愈來愈遠，最後根本達不到。切記，病急也不能亂投醫，**投資沒有偏方，累積財富不需要奇蹟**，一步一腳印便能踏實圓夢。

路，很漫長！不往前走，就永遠到不了你想到的終點（目標）！

可學習、操作的投資經驗談

走進書店，架上新增許多股票相關書籍，對投資朋友來說，選擇性增加不少。

投資朋友看到網路報導或書店中某某「投資達人」的書，常

問我看不看，或是推薦？

我不認識這些所謂的「投資達人」，難以評斷他們的「故事」真偽，不過我會抱持和投資股票時相同的態度——「在不疑處有疑」！商業行為當道下，如果連通過國家考試的投顧老師的會員，都不見得能在股市賺到錢，我們又怎能輕易相信報導中他們在股市賺大錢的「故事」？畢竟很多人不是真正從股市交易中賺到錢，而是賺取股市周邊財。

我認為讀觀念不正確的書，就跟交到壞朋友一樣，不如不讀，在琳瑯滿目的股票書中，這些年來我只推薦過闕又上老師的書，他也是一位 CFP（國際認證高級理財規劃顧問），他的書具備正確的投資理財觀念，會從穩健成長和資產配置的角度做考量，和我的理念較為一致。

大家應該都聽過，在股市交易的 100 個人當中，有 90 個人可能賠錢，比例高達九成，有沒有什麼方法可以降低此比例？

當然有！就是「長期投資」。

多年觀察下來，「長期投資」的確能把賠錢的比例從 90% 降低許多，但仍不足以擠進賺錢的那 10% 內。如果再加上一套「正確且適合自己的投資模式」，便能成為那 10% 的贏家。

　　儘管成功者的方法無法直接複製、貼上，但只要多多閱讀好書、多多學習贏家的觀念，再透過實戰經驗的累積，便能找到那套正確且最適合自己的成功投資模式。

　　現今，有一個人。從學生時代擺地攤賺學費分擔母親家計，後來變成一個以金融道德和客戶利益優先的 CFP。

　　職場生涯大都站在股市第一線（營業員），看過許許多多客戶成功和失敗的交易，本身也在股市實戰超過 30 年。從月薪 16K，一步一步努力提升專業，藉由「投資台股」穩健增值，後來也為自己資產配置擠進收租一族，循序漸進達成財務自由。

　　把 30 多年來在股票市場的所見所聞，透過多次的演講無私分享，後來彙整成冊。這本真實、有用、不譁眾、不取寵的台股參考書，其中的「EXCEL 三向表製作、632 法則選股、適當的持股現金比重……」，更有許多的觀念、心法，會很適合追求長期穩健增值的您。

　　您手上翻閱的這本書，是我最誠心的推薦！

ideaman BI7147

GOWIN投資模式 資深營業員的另類存股術（增修版）

特約編輯／陳瑤蓉
責任編輯／何若文
美術設計／林家琪
插　　畫／米栗點舖
版　　權／吳亭儀、江欣瑜、林易萱
行銷業務／黃崇華、賴正佑、郭盈均、賴玉嵐
總 編 輯／何宜珍
總 經 理／彭之琬
事業群總經理／黃淑貞
發 行 人／何飛鵬
法律顧問／元禾法律事務所 王子文律師
出　　版／商周出版
　　　　　台北市104中山區民生東路二段141號9樓
　　　　　電話：(02) 2500-7008　傳真：(02) 2500-7759
　　　　　E-mail：bwp.service@cite.com.tw
　　　　　Blog：http://bwp25007008.pixnet.net./blog
發　　　行／英屬蓋曼群島商家庭傳媒股份有限公司城邦分公司
　　　　　台北市104中山區民生東路二段141號2樓
　　　　　書虫客服專線：(02)2500-7718、(02) 2500-7719
　　　　　服務時間：週一至週五上午09:30-12:00；下午13:30-17:00
　　　　　24小時傳真專線：(02) 2500-1990；(02) 2500-1991
　　　　　劃撥帳號：19863813　戶名：書虫股份有限公司
　　　　　讀者服務信箱：service@readingclub.com.tw　城邦讀書花園：www.cite.com.tw
香港發行所／城邦（香港）出版集團有限公司
　　　　　香港灣仔駱克道193號超商業中心1樓
　　　　　電話：(852) 25086231傳真：(852) 25789337　E-mailL：hkcite@biznetvigator.com
馬新發行所／城邦(馬新)出版集團【Cité (M) Sdn. Bhd】
　　　　　41, Jalan Radin Anum, Bandar Baru Sri Petaling,
　　　　　57000 Kuala Lumpur, Malaysia.
　　　　　電話：(603)90578822　傳真：(603)90576622　E-mail：cite@cite.com.my

封面設計／COPY
印　　刷／卡樂彩色製版印刷有限公司
經 銷 商／聯合發行股份有限公司 電話：(02)2917-8022　傳真：(02)2911-0053

■2022年12月8日初版
定價498元 Printed in Taiwan
ISBN 978-626-318-458-9
ISBN 978-626-318-452-7（epub）

城邦讀書花園
www.cite.com.tw
城邦花園網站

國家圖書館出版品預行編目（CIP）資料

GOWIN投資模式：資深營業員的另類存股術（增修版）/施國文著. -- 初版. -- 臺北市：商周出版：英屬蓋曼群島商家庭傳媒股份有限公司城邦分公司發行, 2022.11 344面；17*23公分. -- (ideaman；BI7147) ISBN 978-626-318-458-9(平裝)
1.CST: 股票投資 2.CST: 投資技術 3.CST: 投資分析
563.53　　　　　　　　　　　　　　　　　　　　　　111016159

廣　告　回　函
北區郵政管理登記證
台北廣字第000791號
郵資已付，免貼郵票

104台北市民生東路二段 141 號 2 樓

英屬蓋曼群島商家庭傳媒股份有限公司　城邦分公司

請沿虛線對摺，謝謝！

書號：BI7147　　書名：GOWIN投資模式（增修版）　　編碼：

 商周出版

讀者回函卡

謝謝您購買我們出版的書籍！請費心填寫此回函卡，我們將不定期寄上城邦集團最新的出版訊息。

姓名：＿＿＿＿＿＿＿＿＿＿＿＿＿＿＿＿　性別：□男　□女

生日：西元＿＿＿＿＿＿＿年＿＿＿＿＿＿＿月＿＿＿＿＿＿＿日

地址：＿＿＿＿＿＿＿＿＿＿＿＿＿＿＿＿＿＿＿＿＿＿＿＿＿＿

聯絡電話：＿＿＿＿＿＿＿＿＿＿　傳真：＿＿＿＿＿＿＿＿＿＿

E-mail：＿＿＿＿＿＿＿＿＿＿＿＿＿＿＿＿＿＿＿＿＿＿＿＿＿

學歷：□1.小學　□2.國中　□3.高中　□4.大專　□5.研究所以上

職業：□1.學生　□2.軍公教　□3.服務　□4.金融　□5.製造　□6.資訊

　　　□7.傳播　□8.自由業　□9.農漁牧　□10.家管　□11.退休

　　　□12.其他＿＿＿＿＿＿＿＿

您從何種方式得知本書消息？

　　　□1.書店　□2.網路　□3.報紙　□4.雜誌　□5.廣播　□6.電視

　　　□7.親友推薦　□8.其他＿＿＿＿＿＿＿＿＿＿＿＿＿＿

您通常以何種方式購書？

　　　□1.書店　□2.網路　□3.傳真訂購　□4.郵局劃撥　□5.其他＿＿＿＿

您喜歡閱讀哪些類別的書籍？

　　　□1.財經商業　□2.自然科學　□3.歷史　□4.法律　□5.文學

　　　□6.休閒旅遊　□7.小說　□8.人物傳記　□9.生活、勵志　□10.其他

對我們的建議：＿＿＿＿＿＿＿＿＿＿＿＿＿＿＿＿＿＿＿＿＿

＿＿＿＿＿＿＿＿＿＿＿＿＿＿＿＿＿＿＿＿＿＿＿＿＿＿＿＿＿

＿＿＿＿＿＿＿＿＿＿＿＿＿＿＿＿＿＿＿＿＿＿＿＿＿＿＿＿＿

＿＿＿＿＿＿＿＿＿＿＿＿＿＿＿＿＿＿＿＿＿＿＿＿＿＿＿＿＿

投資淨靜勁，不再忙盲茫！